Descubre

El cine

Un recorrido por los mejores directores, actores y películas rodadas en español

Marisa de Prada
Paloma Puente Ortega
Eugenia Mota

A partir de **A2**

1.ª edición: 2021

© Edelsa S. A. Madrid, 2021

Autoras:
© Marisa de Prada, Paloma Puente Ortega y Eugenia Mota

Agradecimientos:
Desde la editorial queremos expresar nuestro agradecimiento a los cineastas por haber contestado tan amablemente a las preguntas de las entrevistas de nuestras autoras, así como por sus fotos y por la concesión del permiso de reproducción de estas.

Equipo editorial:
Coordinación editorial: Mila Bodas Ortega
Edición: Óscar Cerrolaza Gili
Diseño de cubierta: Carolina García
Diseño y maquetación de interiores: Ricardo Polo y Alfredo Martín
Corrección: Alicia Iglesia

Fotografías: 123RF. Página 6, cartel de la película *Dolor y Gloria*, EL DESEO S. A./Album; página 14, cartel de la película *Campeones*, TCD/Prod.DB/Alamy Stock Photo/Cordon Press; página 15, Jesús Vidal en la gala de los Premios Goya 2018, ZUMAPRESS/Cordon Press; página 20, foto de Javier Gutiérrez, 744/Dueñas/Cordon Press; página 22, cartel de la película *La librería*, Cortesía de A Contracorriente Films, Diagonal TV y Green Films AIE; página 28, foto de Isabel Coixet, David Gato/Alamy Stock Photo/Cordon Press; página 14, cartel de la serie *La casa de papel*, Netflix; página 34, cartel de la serie *La casa de las flores*, Netflix; página 36, foto de Marta Hazas, Marta Hazas/Cordon Press; página 38, cartel de la película *Atrapa la bandera*, Ligthbox Animation Studios; página 44, foto de Enrique Gato, costesía de Enrique Gato; página 46, cartel de la obra de teatro *Perfectos desconocidos*, Grupo Pentación; página 52, foto de Belén Rueda, ZUMAPRESS/Cordon Press; página 54, cartel de la película *El secreto de sus ojos*, TCD/Prod.DB/Alamy Stock Photo/Cordon Press; página 60, foto de Ricardo Darín, Manuel Romano/Cordon Press; página 62, cartel de la película *Lo que de verdad importa*, Everett Collection/Cordon Press; página 68, foto de Paco Arango, Paco Arango/Cordon Press; página 70, cartel del cortometraje *Nadie tiene la culpa*, Juan de Dios Marfil y Producciones Africanauan; página 74, foto de Esteban Crespo, Cordon Press.

Fotografía de la cubierta: ARIANE&GAROE/CANAL+ESPAÑA/ICC/ICAA/NEO ART/NODDLES PROD/BETANCOR, LEANDRO/Album. **Cubierta autorizada por Isabel Coixet/Miss Wasabi Lab**

ISBN: 978-84-9081-488-8
Depósito legal: M-30474-2020

Impreso en España / *Printed in Spain*

- Las normas ortográficas seguidas en este libro son las establecidas por la Real Academia Española en su última edición de la *Ortografía*.
- La editorial Edelsa ha solicitado los permisos de reproducción correspondientes y da las gracias a todas aquellas personas e instituciones que han prestado su colaboración.
- Las imágenes y documentos no consignados más arriba pertenecen al Departamento de Imagen de Edelsa.
- Cualquier forma de reproducción de esta obra solo puede ser realizada con la autorización de la editorial, salvo excepción prevista por la ley. Diríjase a CEDRO (Centro Español de Derechos Reprográficos, www.cedro.org) si necesita fotocopiar o escanear algún fragmento de esta obra.

PRÓLOGO

«*Varias* décadas de investigación han confirmado que adquirimos una lengua cuando entendemos lo que leemos o lo que escuchamos. Esto significa usar, en una clase de lengua, un input comprensible que nos asegure que los estudiantes desarrollan hábitos de lectura placenteros en una segunda lengua».

Estas son palabras de Stephen Krashen, que considera fundamental que el *input* para los estudiantes debe ser tan interesante y atractivo como para conseguir olvidarse de que están estudiando un segundo idioma.

Con esta premisa, hemos elaborado la colección ***Descubre***, que pretende despertar el interés de los aprendientes de español por nuestra lengua y también por temas socioculturales de gran relevancia en la sociedad hispanoamericana y española. Se trata, pues, de un material complementario de textos para la lectura en el aula o para la lectura individual. La colección está dirigida a estudiantes a partir del **nivel A2** que desean practicar la comprensión lectora y ampliar su léxico, así como ampliar sus conocimientos de conceptos y de personajes clave del deporte, la gastronomía, la moda, el cine y la música en Hispanoamérica y España.

Las entrevistas son una parte fundamental de la metodología de esta colección. Han sido realizadas por profesoras de español de manera natural en los lugares de trabajo de los entrevistados, por teléfono o a través del correo electrónico. Están especialmente pensadas para estudiantes de español, con la finalidad de adentrarse en otros aspectos socioculturales que puedan enriquecer su conocimiento del mundo. Desde el punto de vista didáctico, consideramos que la entrevista es una herramienta muy eficaz, innovadora y útil para el aprendizaje del español: permite analizar el uso real de la lengua y desarrollar la capacidad de análisis y evaluar situaciones reales en diferentes contextos socioculturales.

Así, pudimos hablar con Juan Mari Arzak un miércoles a la hora del café, charlamos con Ona Carbonell en el Centro de Alto Rendimiento de Barcelona, tuvimos el privilegio de compartir su trayectoria y proyectos de futuro con Andrea Dopico, hablamos con Ágatha Ruiz de la Prada o conversamos en un descanso con Ricardo Darín.

Respecto a ***Descubre el cine***, el cine en español no es ni mucho menos nuevo, pero en los últimos años se ha internacionalizado y hoy está presente en los distintos festivales, cines y plataformas de proyección. Este libro parte de algunas películas de reciente creación, cuyos creadores o la misma película son representativos de géneros, tendencias o estilos cinematográficos únicos. A partir de las películas, descubriremos a los creadores y las peculiaridades del cine en español.

«El cine te hace estar en lugares imposibles»

Álex de la Iglesia

El libro se estructura en ocho unidades y una más breve (ocho películas y un corto). Además de una entrevista personal original y propia a algunos de los cineastas más renombrados del panorama internacional, cada una de ellas incluye diferentes tipos de textos (descriptivos o expositivos), actividades para familiarizarse y trabajar el léxico de cada unidad y ejercicios para trabajar la comprensión lectora.

Queremos agradecer el tiempo y los conocimientos que nos han regalado los entrevistados, implicándose en el proyecto para dar a conocer a los estudiantes extranjeros aspectos de su ámbito y dejando clara la pasión por su profesión y su generosidad. Y, por supuesto, a la editorial Edelsa por su confianza y dedicación para llevar a cabo este proyecto.

Esperamos que ***Descubre el cine*** sea un material didáctico interesante, divertido y útil, tanto para estudiantes como para profesores, y sirva para no solo continuar con el aprendizaje del español, sino también para descubrir y conocer a personajes relevantes de la sociedad hispanoamericana y española desde el alma de los artistas del séptimo arte.

el cine...

8 películas

Nuestras autoras entrevistaron a...

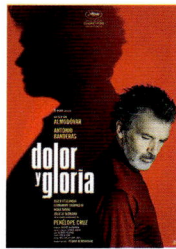

6 | de Almodóvar

- 8 **Da que hablar:** El éxito de Almodóvar
- 10 **Especial documental:** Las chicas Almodóvar
- 12 **En cartelera:** Cayetana Guillén Cuervo

14 | y el compromiso social

- 16 **Da que hablar:** El cine social
- 18 **Especial documental:** Premios y festivales
- 20 **En cartelera:** Javier Gutiérrez

22 | hecho por mujeres

- 24 **Da que hablar:** Detrás de la cámara
- 26 **Especial documental:** Nuevos valores del cine español e hispanoamericano
- 28 **En cartelera:** Isabel Coixet

30 | y el fenómeno de las series

- 32 **Da que hablar:** Las nuevas plataformas
- 34 **Especial documental:** Las telenovelas hispanoamericanas
- 36 **En cartelera:** Marta Hazas

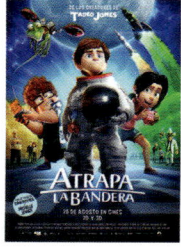

38 | y las tecnologías

- 40 **Da que hablar:** La animación española, un sector reconocido internacionalmente
- 42 **Especial documental:** El cine de animación en LATAM (Latinoamérica)
- 44 **En cartelera:** Enrique Gato

ÍNDICE

46 | y el humor

- 48 **Da que hablar:** La comedia y el éxito de los *remakes*
- 50 **Especial documental:** Los profesionales tras la cámara
- 52 **En cartelera:** Belén Rueda

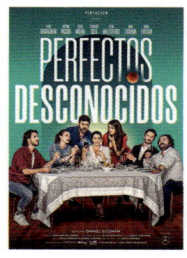

54 | y la novela negra

- 56 **Da que hablar:** El cine negro
- 58 **Especial documental:** El cine argentino, mucho más que cine negro
- 60 **En cartelera:** Ricardo Darín

62 | y los sentimientos

- 64 **Da que hablar:** El cine transmisor de emociones
- 66 **Especial documental:** El cine mexicano actual, un cine de éxito y calidad
- 68 **En cartelera:** Paco Arango

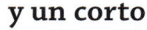

y un corto

70 | y los cortometrajes

- 64 **Especial documental:** El cortometraje
- 66 **En cartelera:** Esteban Crespo

76 | Glosarios

- 76 Algunos profesionales del cine
- 77 Los géneros cinematográficos
- 78 Hacer una película
- 79 Ir al cine

el cine de Almodóvar

1. Observa el cartel de la película y la ficha técnica y responde a las siguientes preguntas:

   a. ¿Qué tipo de película es?
   b. ¿Quién es la actriz protagonista?
   c. ¿De quién es el guion?

2. Lee la sinopsis. ¿Cómo te imaginas que es el personaje principal? Haz una breve descripción de su carácter.

3. Vamos a conocer algunas palabras que aparecen en la ficha técnica. Relaciona las palabras con su definición.

   a. Dirección
   b. Guion
   c. Reparto
   d. Productora
   e. Género
   f. Sinopsis

FICHA TÉCNICA

dolor y gloria

Año: 2019
Duración: 108 minutos
País: España
Dirección: Pedro Almodóvar
Guion: Pedro Almodóvar
Música: Alberto Iglesias
Reparto: Antonio Banderas, Asier Etxeandia, Penélope Cruz, Leonardo Sbaraglia, Julieta Serrano y otros
Productora: El Deseo
Género: Drama

Premios:

- Premio en el Festival de Cannes 2019 al mejor actor (Antonio Banderas).
- Siete premios Goya 2019, incluidos los de mejor película, mejor director, mejor actor (Antonio Banderas) y mejor guion.
- Premio del Círculo de Críticos de Nueva York 2019 al mejor actor (Antonio Banderas).
- Nominada a los Óscar 2019 a la mejor película internacional y mejor actor (Antonio Banderas).
- Nominada a los Globos de Oro 2019 a la mejor película de habla no inglesa y mejor actor (Antonio Banderas).
- Nominada a los Premios BAFTA 2019 a la mejor película de habla no inglesa.

Sinopsis

Narra la vida de Salvador Mallo, un director de cine en su ocaso: su infancia en los años 60, cuando emigró con sus padres a Paterna, un pueblo de Valencia, en busca de prosperidad; el primer deseo; su primer amor adulto, ya en el Madrid de los 80; el dolor de la ruptura de este amor; la escritura como única terapia para olvidar lo inolvidable; el temprano descubrimiento del cine, y el vacío ante la imposibilidad de seguir rodando.

Dolor y gloria habla de la creación, de la dificultad de separarla de la propia vida y de las pasiones que le dan sentido y esperanza. En la recuperación de su pasado, Salvador encuentra la necesidad urgente de volver a escribir.

© EL DESEO, S.A./Album

---

1. Actores y actrices de una película.
2. Persona o empresa que pone el dinero y se encarga de la comercialización de una película.
3. Persona que coordina el trabajo de todos para hacer la película.
4. Resumen de la película y breve comentario crítico.
5. Texto con los diálogos y las indicaciones para hacer una película.
6. Tipo de película por el tema del que habla.

4. **¿Quieres ver algunas críticas de la película? Entra en este enlace, léelas y responde a las preguntas.**

   a. ¿A qué crítico piensas que le ha gustado más la película?
   b. ¿Cuál de ellos consideras que la ha valorado más positivamente?
   c. ¿Quién es el más duro con la película?
   d. ¿Hay alguna referencia a los actores?
   e. ¿Cuál consideras que es la crítica más poética? ¿Qué recursos utiliza?

El éxito de Almodóvar

Pedro Almodóvar busca crear un <u>cine rompedor</u> y rebelde en el que la transgresión se convierte en su objetivo. Tras sus casi 40 años de carrera, Almodóvar es actualmente uno de los <u>directores</u> más importantes del cine español y mundial. Desde Luis Buñuel, ningún <u>cineasta</u> español había hecho tanto ruido a nivel internacional como él. En muchas de sus películas, encontramos numerosos detalles que se han convertido en su sello personal: los <u>cameos</u> de su hermano y <u>productor</u> Agustín o de su madre; la intensidad de los colores que usa en los decorados, especialmente el color rojo en la ropa de sus <u>actores</u> y <u>actrices</u>; y los detalles y referencias a pueblos españoles y a su gastronomía.

Tras sus primeras películas, originales y extrañas, llega un segundo periodo en el que vemos que, poco a poco, los <u>argumentos</u> alocados se van dejando atrás y Almodóvar llega a ser un autor reconocible. Una etapa en la que el cine de Almodóvar pasa a ser «más profesional», con el que llega al reconocimiento definitivo.

Y la representación femenina alcanza sus mejores cotas con *Mujeres al borde de un ataque de nervios*, obra maestra del autor, en la que destaca la actriz Carmen Maura como <u>protagonista</u>. Se crea así el término *chicas Almodóvar*, sinónimo de la relevancia de los personajes femeninos de sus películas, como la <u>actriz secundaria</u> Chus Lampreave, siempre presente en sus <u>repartos</u>. Las películas de esta etapa son: *Matador* (1986), *La ley del deseo* (1987), *Mujeres al borde de un ataque de nervios* (1988), *¡Átame!* (1990), *Tacones lejanos* (1991) y *Kika* (1993).

Desde 1994 hasta 2003, década que comprende el periodo desde después de *Kika* hasta el <u>estreno</u> de *Volver*, el cine de Almodóvar madura y finalmente llega a su cenit. A esta etapa corresponden: *La flor de mi secreto* (1995), *Carne trémula* (1997), *Todo sobre mi madre* (1999), *Hable con ella* (2002) y *La mala educación* (2004).

En la última etapa, nos encontramos a un maduro Pedro Almodóvar que profundiza aún más en los temas ya tratados con anterioridad, como en el caso de *La piel que hábito*, *Los abrazos rotos* o en *Dolor y gloria*.

Pedro Almodóvar, a lo largo de su carrera, ha recibido los principales <u>galardones cinematográficos</u> internacionales, como dos premios Óscar, dos Globos de Oro y varios premios Goya. Es el único director español que ha estado nominado al Óscar a la mejor dirección.

El director Pedro Almodóvar

Mujeres al borde de un ataque de nervios (1988). Alocada comedia y obra maestra que lanzó definitivamente a la fama al director. En esta historia, Pepa, una actriz de doblaje, rompe con Iván, otro actor de doblaje, y le pide en un mensaje por el contestador llevarse del piso sus cosas en una maleta. Y mientras espera a Iván, Pepa se plantea alquilar el piso en el momento en el que la casa se llena de gente extravagante, generando situaciones muy cómicas.

el cine de Almodóvar

1. Localiza estas palabras marcadas en el texto y relaciónalas con su significado.

a. el actor o la actriz
b. el actor o la actriz secundarios
c. el argumento
d. el cameo
e. el cine rompedor
f. el o la cineasta
g. el director o la directora
h. el estreno
i. los galardones cinematográficos
j. el productor
k. el o la protagonista
l. el reparto

1. Aparición breve de una persona no profesional en una película.
2. Cine diferente en cuanto al tema o a la forma de filmarse, normalmente de contenido temático polémico.
3. Historia de la película.
4. Hombre o mujer que interpreta un papel en una película.
5. Lista de actores y actrices que participan en una película.
6. Persona o empresa que financia la película.
7. Personaje que tiene el papel principal.
8. Premios de cine.
9. Primera vez que el público puede ver una película.
10. Profesional que dirige a los actores y a todo el equipo de profesionales que hace una película.
11. Profesional relacionado con el mundo del cine, generalmente se dice del director.
12. También llamado *de reparto*, actores no protagonistas.

2. Termina las frases según los textos.

a. Almodóvar es actualmente uno de los
b. La representación femenina llega a sus mejores cotas con
c. Pedro Almodóvar, a lo largo de su carrera, ha recibido los
d. Él usa sobre todo el color rojo en
e. En *Mujeres al borde de un ataque de nervios* destaca

3. Completa con la preposición que corresponda: EN, DE, DESDE, A y HASTA.

El cine de Almodóvar es rompedor y rebelde, _____ el que la transgresión es uno de sus objetivos. _____ lo largo _____ sus casi 40 años de carrera, Almodóvar ha logrado ser uno _____ los directores más importantes del cine español y mundial. _____ Luis Buñuel, ningún cineasta español había conseguido tanto éxito _____ nivel internacional. _____ 1994 _____ 2003, el cine _____ Almodóvar madura y finalmente llega a tener un gran éxito.

4. Los carteles de las películas de Almodóvar tienen todos la marca del cine del autor. Los 17 carteles de las películas han sido diseñados por cinco artistas, todos relacionados con la movida madrileña. Entra en este enlace para conocerlos.

Reproducción de los carteles de las películas cedida por El Deseo.

Las chicas Almodóvar

Las protagonistas femeninas del gran director viven más allá de la gran pantalla. Sus películas muestran prototipos de una mujer moderna que puede ocupar puestos de relevancia en la sociedad.

Son mujeres guapas, ejecutivas, decididas e inteligentes, capaces de afrontar todos los problemas y salir airosas de ellos. Son mujeres locas, irracionales, contradictorias y atrevidas, pero también geniales. No reflexionan y, sin embargo, piensan. Y dudan. Sobre todo, dudan. Qué más queremos: son chicas Almodóvar.

El mismo Pedro Almodóvar habla de ellas como «mujeres atípicas con sentido del humor, físicos especiales y ningún prejuicio estético o profesional». Y añade: «He trabajado con algunas de las mejores actrices del país a quienes considero actrices excepcionales, todas ellas capaces de mezclar comedia y drama sin aparente esfuerzo y de modo innato. Cada una en su momento fue el mejor vehículo para los apasionados personajes femeninos que escribí, mujeres muy libres, luchadoras y con gran autonomía moral. Estos son los primeros atributos que busco en una actriz, pero hay más. Siento debilidad por los físicos especiales y las voces poco académicas. La rareza siempre resulta expresiva y es bienvenida».

«Para ser una chica Almodóvar –continúa–, hay que ser generosa (todas lo fueron) y no tenerme miedo ni respeto reverencial, estar dispuestas a aprenderse los diálogos cinco minutos antes de rodar (porque a veces adapto y cambio los diálogos en el último momento, o me invento nuevas acciones) y a ensayarlo todo (las improvisaciones también hay que ensayarlas). Y a confiar en mí como único espejo».

Nadie como este director ha sabido retratar la sensibilidad del género femenino: sus locuras, sus problemas y los asuntos que le preocupan o le atormentan. A lo largo de su carrera, el cineasta, poco a poco, ha conseguido reflejar en su obra a la mujer que aspira a convertirse en algo que nunca será, a la que cree en el amor, a la que se muere de celos, a la soñadora, … ✤

La actriz Penélope Cruz

el cine de Almodóvar

1. **Elige los adjetivos con los que crees que se puede definir a una chica Almodóvar.**

   tímida • seria • soñadora • contradictoria • irracional
   complicada • atrevida • coqueta • flexible • rígida
   alocada • inteligente • decidida • ejecutiva

2. **Describe con un adjetivo a cada una de estas actrices.**

   Carmen Maura es
   Marisa Paredes es
   Cecilia Roth es
   Julieta Serrano es
   Rossy de Palma es
   Penélope Cruz es
   Cayetana Guillén es

Las musas de Almodóvar:

- **Carmen Maura** es su primera musa. Además, ha ganado dos premios Goya gracias a sus intervenciones en sus películas.

- **Cecilia Roth**, la actriz argentina, es otra de sus favoritas. Obtuvo un Goya gracias a su interpretación en *Todo sobre mi madre*, película en la que también intervino Cayetana Guillén Cuervo, una actriz versátil. Es la actriz más polifacética de todas.

- **Julieta Serrano** es una actriz veterana, con la que vuelve a reunirse en la película *Dolor y gloria*.

- La gran **Marisa Paredes**, toda una dama de la actuación, ha trabajado junto a él en todas sus etapas artísticas.

- **Rossy de Palma** fue todo un descubrimiento del director. Una de las actrices más extravagantes del cine español.

- Y para acabar, **Penélope Cruz**, «la niña de los ojos de Almodóvar», con la que ha trabajado desde hace más de veinte años y con quien mantiene una amistad que traspasa la pantalla y los focos.

3. **Según el director, ¿cómo debe ser una chica Almodóvar? Completa el diagrama.**

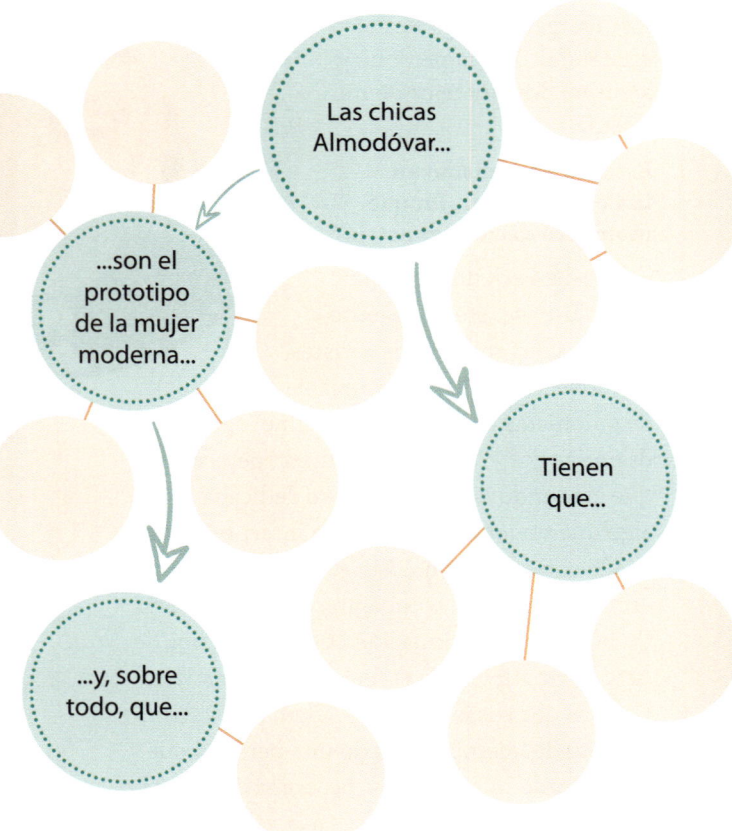

Las chicas Almodóvar...
...son el prototipo de la mujer moderna...
Tienen que...
...y, sobre todo, que...

11

ENTREVISTA

Cayetana Guillén Cuervo

Hija de dos actores y hermana de otro, es una muy conocida actriz, presentadora de televisión y periodista española. Ha trabajado en 28 películas con distintos directores, entre ellos Pedro Almodóvar, 14 series de televisión y en 13 obras de teatro. Cayetana nos atiende por teléfono y le damos las gracias por ello y por su amabilidad.

Usted ha hecho muchísimos proyectos interesantes en cine, teatro y televisión. ¿Cómo puede llegar a todo…?, ¿cómo es su personalidad?

Soy una persona con una increíble capacidad de trabajo, con mucha fuerza de voluntad. Pertenezco a una familia de actores, por lo que, siempre que me sale un trabajo, me parece un milagro que depositen en mí esa confianza y siento que tengo que responder a un nivel de excelencia muy grande. De alguna manera, me siento en deuda con esa persona y siempre doy lo mejor de mí misma.

Estudió Periodismo en la Complutense. ¿En qué momento decide ser actriz?

Estudié Periodismo en la Complutense, efectivamente, pero yo crecí rodeada de artistas, de intelectuales, de directores de cine, de guionistas de televisión, de cine, de teatro… dramaturgos y, de alguna manera, pensaba que el mundo de los adultos se dedicaba a algo que tuviera que ver con la interpretación, con la comunicación… Me gustaba mucho escribir y, por eso, compaginé mis estudios en Ciencias de la Información con los estudios de Arte Dramático en la escuela de Cristina Rota. Hice las dos cosas a la vez y, además, estaba trabajando. Siempre he sido una persona que le ha sacado mucho jugo a las horas del día y he hecho siempre muchas cosas a la vez.

Viniendo de una familia de actores y actrices, ¿cómo era la vida de una familia tan pegada a los escenarios?

La vida de una familia de actores y actrices era una rutina poco habitual, porque mis padres siempre han trabajado a contracorriente: cuando la gente descansa y va al teatro o al cine, es cuando ellos hacían sus funciones. Las giras entonces eran mucho más largas que ahora y estaban tres o cuatro meses fuera.

El abuelo, El Ministerio del Tiempo, Cena con mamá…, cine, teatro, series de televisión, programas, etc., ¿qué le aportan? ¿Podría quedarse solo con uno de todos estos trabajos?

¡La verdad es que no! Me parece que hay programas preciosos como *Cena con mamá*, en el que se pueden comunicar plenamente muchas cosas. Me gusta mucho subirme a un escenario y también ponerme delante de una cámara para charlar con una persona. Me encantan todas las esquinas de la comunicación. Así que no, no renunciaría a ninguna de ellas.

¿Recuerda haber compartido escenario con sus padres o con alguno de sus hermanos?

He compartido algunos momentos con mi madre y mi hermano, pero no hemos trabajado mucho juntos, porque ya la vida familiar es muy intensa, como para llevarla encima de los escenarios. Nos han ofrecido proyectos juntos, pero hemos preferido no hacerlos, precisamente para resguardar la calidad de la vida familiar.

el cine de Almodóvar

De los personajes que ha interpretado, ¿cuál le ha marcado más personalmente? ¿Y a nivel profesional?

Me marcó *El abuelo* porque fue un personaje muy reconocido aquí y fuera de España también, nominada al Óscar como mejor película extranjera. Estuvimos durante un tiempo muy largo en Los Ángeles promocionándola, y trabajar con Garci es algo muy especial. Es un director que respeta mucho a los actores y siempre todo es muy bonito con él. Por otra parte, me ha marcado el personaje de Irene Larra en *El Ministerio del Tiempo,* porque es un personaje muy competente, muy capaz, que llega a muchos rincones del espectador. Ha sido un personaje que me ha dado muchísimas alegrías y las sigue dando. En teatro, me ha marcado *El malentendido*, el personaje de Marta, sin ninguna duda, de Albert Camus, un espectáculo que monté en honor a mi padre, a mi madre, a su generación, y ha sido, sin duda, lo más importante que he hecho.

Un personaje que deteste y que nunca interpretaría.

No tengo conciencia de un personaje que deteste y que nunca interpretaría, no. Quizá aquellos personajes que son muy tóxicos y que generan cosas negativas tanto en los otros personajes como en el espectador, son los más difíciles.

Sus inicios en televisión son con un programa de cine, *Versión española*. Cuéntenos qué es lo más interesante de este programa.

Versión española es un programa que me ha marcado la vida. Es una escuela de espectadores. Les hemos enseñado a ver cine español, a que

> « *Me marcó* **El abuelo** *porque fue un personaje muy reconocido aquí y fuera de España* »

cambien la perspectiva de ver cine durante estos veinte años. Siento que he desarrollado una labor de servicio público, sin ninguna duda.

Recientemente ha participado en el programa *Masterchef Celebrity*. ¿Qué le ha supuesto? ¿De dónde le viene su afición a la cocina? ¿Cuál es ese plato que cocina que a todos les encanta?

Masterchef Celebrity es un programa que me ha dado cosas maravillosas porque cuenta una historia de superación. Cada personaje que entra ahí se supera a sí mismo para poder brillar e ir sacando adelante las cosas. Básicamente fue un programa que me descubrió parte de mí misma, como mis nervios, mis torpezas... aquello que, como personaje público, intentas esconder, y salieron. Además, es lo que más aplaudió el público.

Proyectos de futuro y un sueño personal.

Versión española y *Atención obras,* que son los programas culturales de La 2 de Televisión Española, con esa voluntad de servicio público y de brindar la cultura a los demás. ✧

---

1. Responde a estas preguntas.

   a. ¿Cómo era vivir en una familia de actores?
   b. ¿Qué destacarías de la personalidad de Cayetana?
   c. ¿Cuál es su actitud ante la vida?
   d. ¿Qué es *Versión española*?

2. ¿Qué entiendes por estas expresiones de la entrevista? Sustitúyelas por un verbo.

   a. Tener voluntad de servicio público.
   b. Sacar mucho jugo a algo
   c. Ir a contracorriente

el cine y el compromiso social

una comedia muy seria de
JAVIER FESSER

CAMPEONES

¿Sabías que…?

Campeones está inspirada en la historia de un equipo de baloncesto, *Los Amigos*, formado por personas con discapacidad intelectual, que ganó doce campeonatos de España entre 1998 y 2014.

1. Describe el cartel de la película a alguien que no puede verlo.

2. ¿Sobre qué problemática social crees que trata la película *Campeones*? ¿Quiénes pueden ser esos *campeones*?

3. A partir del cartel, ¿a qué género crees que pertenece la película? ¿Con qué tono trata el tema? Escribe el género en la ficha técnica.

FICHA TÉCNICA

CAMPEONES

Año: ⬜
Duración: 124 minutos
País: 🇪🇸 España
Dirección: ⬜
Guion: David Marqués y Javier Fesser
Música: Rafael Arnau
Canción original: ⬜

Fotografía: Chechu Graf
Reparto: Javier Gutiérrez, ⬜, Juan Margallo, Athenea Mata, Luisa Gavasa, Daniel Freire, Itziar Castro y otros
Productora: Películas Pendelton y Morena Films
Género: ⬜

Premios:
- Premio Feroz 2019 a la mejor comedia.
- Tres premios Goya 2019, a Jesús Vidal como mejor actor revelación, a Coque Malla como mejor canción original y a la mejor película.

Sinopsis

Campeones es una comedia dramática de 2018, dirigida por Javier Fesser, que cuenta la historia de Marco, un entrenador de baloncesto, que deberá entrenar a un equipo muy especial. Marco tiene muchos problemas profesionales y personales, y tras su despido como entrenador de su equipo de baloncesto y en estado de embriaguez, sufre un accidente de tráfico. Como consecuencia, deberá escoger entre 18 meses de cárcel o 90 días de servicios comunitarios entrenando a un equipo de baloncesto llamado *Los Amigos*, integrado por deportistas con diversas discapacidades. En un primer momento, la noticia no será bien aceptada por el protagonista, pero con el tiempo se dará cuenta de todo lo que le queda por aprender de estas personas especiales.

La comedia fue elegida para representar a España en la 91.ª edición de los Premios Óscar en la categoría de mejor película de habla no inglesa. Se rodó durante aproximadamente nueve semanas en diversas zonas de la Comunidad de Madrid y de la provincia de Huelva. La primera semana de estreno consiguió una recaudación de 1 977 994 euros y superó los 250 000 espectadores.

4. Lee el texto y completa la ficha técnica con los datos que faltan.

5. Añade los siguientes datos sobre la película:

a. Lugar de rodaje
b. Tema
c. Argumento

d. Actor protagonista
e. Actor secundario
f. Estreno
g. Recaudación
h. Premios

El cine social

El término hace referencia a un género cinematográfico que emplea el cine como medio para la crítica y la denuncia de problemáticas sociales. Se trata de obras que se alimentan de la realidad para incidir críticamente en ella. Pueden ser documentales u obras de ficción. Los realizadores que se enmarcan en el cine social piensan en sus películas no como un fin en sí mismas, sino como un medio audiovisual de expresión de su compromiso social.

Para estos cineastas y su público, la cuestión es si el cine es solamente una distracción o debe tener una función social. Y la respuesta es que puede cumplir con las dos funciones. Dentro de este tipo de películas, encontramos toda una gradación entre uno y otro objetivo.

A lo largo de la historia del cine, han sido muchos los directores que han utilizado sus creaciones para levantar su voz contra los problemas sociales. Ya en los años 20, en la escuela soviética o desde Hollywood, hubo acercamientos a una realidad menos amable.

Algunos analistas destacan cómo en la actualidad el cine ha perdido público por culpa de la piratería, la televisión digital e Internet. La gente solo acude a las salas de cine para ver ese estreno increíble o las grandes películas de Hollywood. Y el cine social, el que busca dejar una crítica y enfrentar los problemas de la sociedad, ha perdido frente al cine de entretenimiento y espectáculo. Sin embargo, el éxito de películas como *Campeones* o *Roma* desmiente esta afirmación.

Campeones es un gran representante de este cine de compromiso social y valores humanitarios, definido por algún crítico como «un canto

el cine y el compromiso social

a la lucha y al talento de las personas con discapacidad», y ha resultado del gusto del público y de la crítica. Debemos destacar también la película *Roma*, del mexicano Alfonso Cuarón, de 2018, que obtuvo un gran éxito internacional y consiguió tres Óscar: mejor dirección, mejor película extranjera y mejor fotografía. Otras películas en español con contenido social conocidas son: *Te doy mis ojos* (2003), de Icíar Bollaín, y *La lengua de las mariposas* (1999), de José Luis Cuerda.

Este tipo de cine también dispone de festivales especializados para difundir y premiar estas producciones, como el Festival de Cine Social de Concordia en Argentina, el Festival Internacional de Cine Social Castilla-La Mancha en España o el Festival de Cine Social y Antisocial (FECISO) en Chile, entre muchos otros del mundo hispano.

¿Sabías que...?
Jesús Vidal, actor de *Campeones*, consiguió el premio Goya 2018 al mejor actor revelación y se convirtió en uno de los grandes protagonistas de la gala por su discurso emotivo, espontáneo y sencillo. «Me vienen a la cabeza tres palabras: inclusión, diversidad, visibilidad. ¡Qué emoción!». Finalizó con un mensaje de amor a sus padres: «Queridos padres, yo sí quiero tener un hijo como yo, porque tengo unos padres como vosotros».

1. Lee el texto y busca...
a. el título de una película ganadora de un Óscar:
b. el nombre de un festival de cine social:
c. el nombre de un actor premiado por *Campeones*:
d. el nombre de una directora española de cine social:

2. Indica si las siguientes afirmaciones son verdaderas o falsas:

	V	F
a. *Campeones* ha gustado mucho a la crítica.		
b. Alfonso Cuarón tiene un Óscar como director.		
c. El cine social no apareció hasta los años 30.		
d. Últimamente el cine social no tiene éxito.		
e. Existen tres festivales de cine social en español.		

3. Este cine trata diferentes problemáticas sociales. Completa la tabla léxica.

Sustantivo	Adjetivo
	pobre
la discapacidad	
	injusto
el paro	
la desigualdad	
la enfermedad	
el machismo	

4. Piensa en alguna otra película con temática social. ¿Puedes escribir una breve sinopsis?

Premios y festivales

Los festivales nacieron para poder premiar a los profesionales que, con su creatividad e imaginación, crean historias maravillosas y nos hacen vivir experiencias inolvidables frente a una pantalla.

Existen múltiples festivales por todo el mundo. En dichos festivales se premian las mejores películas, pero también se reconoce el trabajo de cada uno de los integrantes del equipo que las hace posible. Así, podemos ver diversas categorías que van desde mejor producción hasta mejor diseño de sonido o mejor director.

Hay una gran variedad de festivales: nacionales e internacionales, especializados en largometrajes y en cortos, pertenecientes a géneros específicos, etc. Estos certámenes despiertan el interés del público y la prensa. A la vez, activan el mercado, ya que son un lugar de encuentro de profesionales y distribuidores que se interesan por las nuevas producciones. Son un gran medio para promocionar las películas y para que el público y la prensa hablen de ellas. Los festivales de cine son, por lo tanto, un eje importante en toda la fase de promoción y exhibición de una película. Son los espacios donde se dan a conocer nuevas figuras y donde los productores pueden realizar nuevos contactos.

Estos eventos se celebran bajo diferentes denominaciones: *muestra*, *festival*, *panorámica*, *semana de cine*, *certamen*, *ciclo* o *mercado*. Hay de muchos tipos, más o menos especializados o más o menos trascendentes. Uno de ellos es el joven Festival de Cine Social de Castilla-La Mancha, que pretende fomentar los valores de solidaridad y tolerancia a través de la importancia que tienen los medios audiovisuales en la sociedad española. El Festival tiene varias secciones, entre las que se incluye un concurso de cortos y de documentales, de temática social: xenofobia, conflicto generacional, explotación infantil, violencia de género, roles sociales, ecología, derechos de la infancia, convivencia, etc.

En España, los más prestigiosos son: el Festival Internacional de Cine de San Sebastián, que ha sabido hacerse un hueco en el panorama internacional y que otorga la Concha de Oro; el Festival de Cine de Sitges, de cine fantástico; el Festival de Cine de Gijón, o la Semana Internacional de Cine de Valladolid. La mayoría de estos festivales concede premios apreciados por los profesionales. Los galardones más prestigiosos en España son los Premios Goya, otorgados por la Academia Española de Cine.

Argentina cuenta, entre otros, con el Festival Internacional de Cine de Mar del Plata, un prestigioso festival que se realiza todos los años en la ciudad que le da nombre, o con el Buenos Aires Festival Internacional de Cine Independiente (BAFICI), el festival de este tipo de cine más importante del país. En México encontramos el Festival Internacional de Cine de Guadalajara, una de las muestras cinematográficas más importantes de Latinoamérica, y en Colombia, el Festival Internacional de Cine de Cartagena de Indias (FICCI).

El Festival Internacional de Cine de San Sebastián se celebra en el Palacio de Congresos y Auditorio Kursaal. El Kursaal es una obra del arquitecto Rafael Moneo y se inauguró en 1999. Si quieres conocer el edificio, accede a través de este enlace.

el cine y el compromiso social

1. Escoge la opción correcta según la información del texto:

a. Los festivales sirven para...
1. premiar a diferentes colectivos de trabajadores.
2. ganar dinero vendiendo entradas.
3. difundir el trabajo de nuevos directores.

b. El Festival Internacional de Cine de Mar del Plata ...
1. premia películas argentinas y de fuera.
2. se celebra cada dos años.
3. es nuevo y poco conocido todavía.

c. Los medios de comunicación...
1. compran producciones en los festivales.
2. tienen mucha importancia en el éxito de un festival.
3. conceden sus propios premios.

d. Los festivales...
1. despiertan el interés de público y prensa.
2. son importantes solo para la prensa especializada.
3. se celebran especialmente en países anglosajones.

2. Completa las frases.

a. _____ es un festival de cine fantástico.

b. Algunos sinónimos de festival son _____ y _____.

c. Los _____ son los galardones más importantes del cine español.

d. El Festival _____ es un festival colombiano.

e. El cine social trata diversas temáticas, como _____, _____ o _____.

3. Elige la palabra más adecuada de la lista para completar las siguientes oraciones. Hay tres que no debes utilizar. ¿Puedes crear una frase con ellas?

pantalla • producción • largometrajes • cortos • géneros • distribuidores
exhibición • audiovisual • documentales • espectadores • público

a. En esa sección del festival se proyectan _____ de terror.

b. Yo disfruto muchísimo más las películas en la gran _____.

c. Me gustan casi todos los _____, excepto los musicales, no los soporto.

d. Es un festival donde proyectan muchos _____ sobre temas de actualidad, con personajes e historias reales.

e. En algunas salas todavía proyectan _____ de menos de treinta minutos antes de la película.

f. El éxito de una película se mide por el número de _____ que van a verla a los cines y también por las semanas de _____ en las salas.

g. Sin el trabajo de los _____, las películas no llegaría a tanto público ni a tantos países.

ENTREVISTA

Javier Gutiérrez

Es un actor de teatro, cine y televisión español, ganador de dos premios Goya al mejor actor en 2014 por la película *La isla mínima* y en 2017 por *El autor*. Uno de los papeles que le ha dado más popularidad es el del entrenador de baloncesto de un peculiar equipo en la película *Campeones*. Contactamos con el actor y contestó amablemente a nuestras preguntas por escrito.

 Si quieres conocer más sobre su vida o su filmografía, accede a través de este enlace.

Empezó en el teatro y ha participado en algunos de los grandes éxitos del cine y la televisión en España, ¿tiene preferencia por alguno de los medios en los que desarrolla su profesión de actor?

Me considero un actor educado en el teatro, pero que, con el paso del tiempo, he ido adquiriendo experiencia y oficio también delante de la cámara. Así que, si el proyecto y el personaje que me ofrecen son interesantes, el medio en el que se cuenta la historia para mí es lo de menos.

¿Cómo vive el prestigio adquirido por las series televisivas, consideradas un trabajo menor durante años?

Con muchísimo orgullo. He sido siempre un gran defensor de la televisión como medio para contar historias. De hecho, nuestro país es un claro ejemplo de cómo ha cambiado la ficción de unos años para acá, con mejores producciones e historias más arriesgadas que llaman la atención fuera de nuestras fronteras.

Después de consolidarse como uno de los actores de comedia punteros de nuestro país, consigue el Goya como actor dramático en *La isla mínima*. ¿Qué significó?

Significó un salto cualitativo. La película y el personaje que interpreto supusieron para mí no solo premios, como el Goya de ese año, también

1. Completa el diagrama.

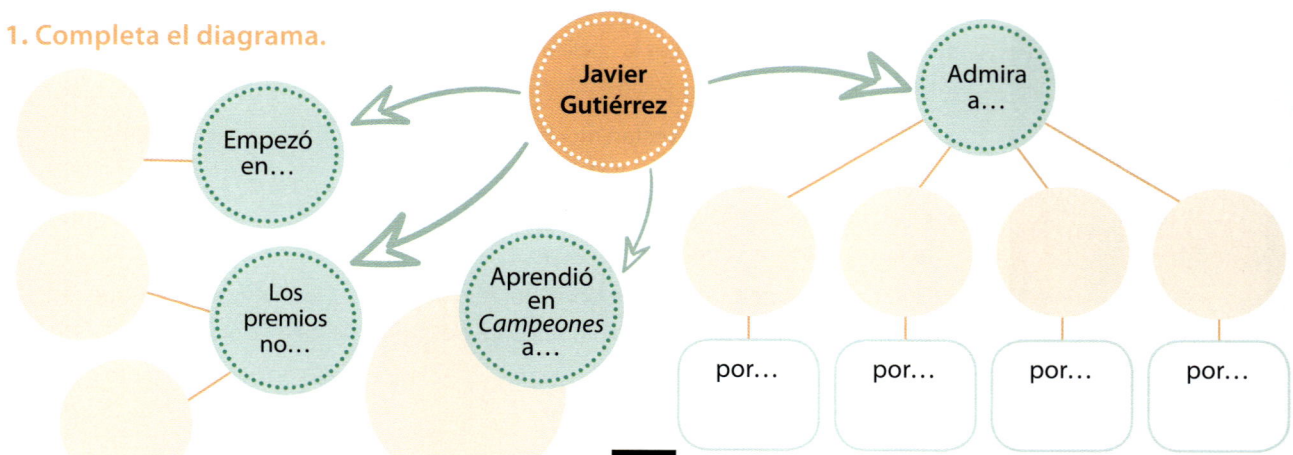

el cine y el compromiso social

visibilidad, reconocimiento y prestigio, además de la posibilidad de acceder a proyectos para los que no contaba anteriormente.

¿Qué suponen los premios?

Sinceramente, creo que los premios, premios son. No te conviertes en mejor actor ni suelen venir acompañados de trabajo. Sin duda, son halagadores, pero para mí el mayor premio es el de la continuidad en el trabajo en un oficio tan duro como el nuestro.

Puestos a elegir, me quedo con el premio Max de las Artes Escénicas por el personaje de *Argelino, servidor de dos amos*. Un espectáculo teatral de Animalario dirigido por Andrés Lima en 2009. Fue mi primer premio importante y me aportó seguridad y confianza.

Ha tenido muchos compañeros de rodaje tanto en cine como en televisión, ¿alguien le ha impactado especialmente?

Admiro a muchísimas compañeras y compañeros, pero siempre me ha impresionado el oficio y la facilidad por la que transita sin despeinarse cambiando de registro Carmen Machi; el compañerismo y la honestidad, además del respeto, que inspira Luis Tosar; la verdad y el virtuosismo de Eduard Fernández; y, por su atípica forma de interpretar y su singularidad, Luis Bermejo.

> «*Si el proyecto y el personaje son interesantes, el medio en el que se cuenta la historia es lo de menos*»

¿Qué ha significado el éxito de crítica y público de la película *Campeones* profesional y personalmente?

Más allá de su éxito en taquilla y de conseguir el Goya a la mejor película, el gran triunfo de *Campeones* es lograr cambiar la visión de nuestra sociedad respecto al mundo de la discapacidad. Donde antes había miedo, desconfianza o falta de información, hoy existe empatía, cariño y una mirada alejada de la compasión.

¿Y qué aprendió con este proyecto?

Aprendí a ser más humilde a la hora de trabajar. Gracias a su disposición y entusiasmo, nos dieron una auténtica lección de profesionalidad a todo el equipo de la película. Teniendo en cuenta que nuestro equipo de *Campeones* se enfrentaba a un mundo desconocido para ellos (un rodaje profesional), su alegría, tesón, compañerismo y humildad supusieron un ejemplo difícil de olvidar.

¿Cómo lleva el reconocimiento del gran público en su vida privada?

Bien. No podemos obviar que nuestro trabajo cobra sentido cuando llega al público. Y a cuanto más, entiendo que mejor. Así que, cuando los proyectos funcionan, inevitablemente el público reconoce a los actores y quiere en muchos casos reconocer y compartir sus sensaciones con nosotros. Personalmente siempre agradezco cuando un espectador se acerca con educación y respeto.

---

2. Termina las siguientes frases sin releer la entrevista.

a. Para Javier, lo importante no es el medio en el que trabaja, sino _____
b. Las series de televisión en España son ahora _____
c. Se siente agradecido con las personas que _____
d. Un aspecto negativo de la profesión de actor actualmente es _____
e. El gran triunfo de *Campeones* ha sido _____

3. Busca en la entrevista un adjetivo para definir a los siguientes actores:

a. Javier Gutiérrez: _____
b. Luis Tosar: _____
c. Eduard Fernández: _____
d. Sus compañeros en *Campeones*: _____

4. Imagina que te encuentras con Javier Gutiérrez en un restaurante y quieres pedirle un autógrafo. ¿Qué le dirías?

el cine hecho por mujeres

1. Lee la sinopsis y responde a las siguientes preguntas.
- **a.** ¿Por qué quiere Florence abrir una librería?
- **b.** ¿Qué sentimientos crees que tiene Florence hacia la lectura?
- **c.** ¿Encuentra una buena acogida en el pueblo? ¿Por qué?
- **d.** ¿Qué relación tiene con Edmund?
- **e.** ¿Cómo imaginas tú el final de esta película?

2. Relaciona el personaje con sus características.
- **a.** Florence Green
- **b.** Violet Gamart
- **c.** Edmund Brundish
- **d.** Christine

1. Un hombre huraño y solitario, aliado y cómplice de Florence.
2. Una aristócrata gélida, manipuladora y poderosa.
3. Una niña imaginativa e inteligente.
4. Una viuda valiente y, al mismo tiempo, introvertida, que se enfrenta a las estructuras de poder.

FICHA TÉCNICA

Título original: *The Bookshop* (*La librería*)
Año: 2017
Duración: 115 minutos
País: España
Dirección: Isabel Coixet

Guion: Isabel Coixet (basado en la novela *The Bookshop*, 1978, de Penelope Fitzgerald)
Música: Alfonso de Vilallonga
Fotografía: Jean-Claude Larrieu
Reparto: Emily Mortimer, Patricia Clarkson, Bill Nighy, Honor Kneafsey y James Lance
Productora: Coproducción España-Reino Unido-Alemania; Green Films (Panamá), A Contracorriente Films (Barcelona, España), Diagonal Televisió (Barcelona, España), Zephyr Films (Londres, Reino Unido) y One Two Films (Berlín, Alemania)
Género: Drama, años 50

Premios:

- Tres premios Goya 2017 a la mejor película, mejor dirección y mejor guion adaptado; y doce nominaciones.
- Tres nominaciones a los Premios Feroz 2017, incluida la de mejor director.
- Dos premios Gaudí 2017 a la mejor dirección artística y mejor música original; y doce nominaciones.
- Proyección especial (fuera de competición) en el Festival de Berlín 2018.
- Un premio Félix 2018 al mejor vestuario.
- Nominada a la mejor película, dirección, guion y música en los Premios Platino 2018.

Sinopsis

Año 1959. Una joven viuda llamada Florence Green (Emily Mortimer) quiere abrir una librería en una casa abandonada de un pequeño pueblo inglés, pero Violet Gamart (Patricia Clarkson), una mujer rica del lugar, desea convertir ese espacio en un centro de arte. Violet y Milo North (James Lance) tratarán de impedir y boicotear la apertura de la librería, pero Florence cuenta con la ayuda de una niña, llamada Christine (Honor Kneafsey), y con el apoyo de Edmund Brundish (Bill Nighy), un misterioso amante de los libros que vive recluido en su casa. Juntos, lucharán contra la ignorancia de los habitantes y contra la influencia de la aristocracia para que Florence lleve a cabo su sueño: que los habitantes del pueblo conozcan los libros, la cultura y todo lo bueno que de ello se desprende.

3. Encuentra el intruso de cada línea.

a. Una película… entretenida, divertida, aburrida, trepidante.
b. Un actor y una actriz… profesionales, debutantes, famosos, conocidos.
c. Un personaje… secundario, principal, protagonista, central.
d. Un director y una directora… de fama, célebres, de éxito, aficionados.
e. Una película tiene… un reparto, un elenco, un grupo, unos intérpretes.

4. ¿Quieres conocer un poco más la película y su argumento? Accede a través de este enlace a un comentario y complétalo según te indicamos.

Detrás de la cámara

La llegada de las mujeres a la dirección cinematográfica es un fenómeno joven, de mediados del siglo XX. Sin embargo, la presencia de las mujeres tras la cámara es un hecho desde los mismos orígenes del cine, a finales del siglo XIX.

Aunque las realizadoras han existido a lo largo de toda la historia del cine, los amantes del séptimo arte tuvimos que esperar hasta 2010 para ver cómo la Academia de Hollywood concedía el primer Óscar a una mujer directora, la californiana Kathryn Bigelow. En España, Pilar Miró fue una de las directoras más relevantes durante la transición democrática, y realizó películas de gran éxito, como *Beltenebros* y *El perro del hortelano*, basadas en novelas. Icíar Bollaín es una de las primeras directoras galardonadas con su película *Flores de otro mundo* premiada en el Festival de Cannes en 1999 y con *Te doy mis ojos* en los Goya de 2003. Pocos años más tarde, en 2005, los premios Goya a la mejor película y a la mejor dirección se los concedieron a *La vida secreta de las palabras*, dirigida por Isabel Coixet.

Para dar a conocer más las tareas realizadas por mujeres, se celebra cada año el Festival de Cine por Mujeres. El premio a una trayectoria profesional, que se entregó en la segunda convocatoria del Festival, puso en valor a una gran protagonista en la sombra de grandes películas: la montadora Teresa Font. «Lo que yo soy o pueda ser en el cine se lo debo al montaje. A través de él he encontrado mi medio de expresión y mi lugar en el mundo; así que este reconocimiento lo siento como un reconocimiento a mi oficio. Además, por el hecho de ser mujer, en alguna época de mi vida me ha supuesto un esfuerzo añadido poder combinar el montaje con ser madre, por ejemplo. Pero siempre he perseguido mi sueño con tenacidad. No quise renunciar a nada y ha merecido la pena. Gracias por darnos visibilidad».

¿Hay alguna diferencia entre una película hecha por un hombre o por una mujer? ¿Filman las mujeres de manera diferente a los hombres? ¿Es más sensible el cine hecho por mujeres? Muchas de las posibles respuestas son complejas. No hay un cine de hombres y otro de mujeres, lo que sí hay es una mirada diferente sobre los objetos, un ritmo particular, etc. Cuando una mujer filma, los escenarios son otros, porque ellas van en otra dirección de la concepción del espacio, van más a crear una intimidad: esas casas, esas cocinas, ese universo limitado a lo doméstico.

El porcentaje de mujeres directoras que puedes ver en las películas de estreno en las carteleras cinematográficas es escaso. Necesitamos las múltiples voces y miradas de las mujeres y de los hombres en todas las manifestaciones artísticas. Es preciso que las mujeres, como creadoras, como intérpretes de la realidad, sean reconocidas en la industria cinematográfica y por el público. Se necesitan más mujeres activas en el cine, en el arte, en la crítica y en la vida.

Texto adaptado de: http://revistas.uned.es/index.php/ETFVII/rt/printerFriendly/1479/0

el cine hecho por mujeres

¿Sabías que…?

La primera actriz española que desembarcó en Hollywood fue Conchita Montenegro en 1930 con apenas 19 años. Gracias a su belleza, inteligencia, personalidad y tesón, la joven promesa se hizo un hueco entre las principales estrellas del momento.

La vida de Conchita Montenegro fue novelada por José Rey Ximena en *El vuelo del ibis* (Facta, 2008), Carmen Ro en *Mientras tú no estabas* (La esfera de los libros, 2017) y por Javier Moro en *Mi pecado* (Espasa, 2018, Premio Primavera de Novela). También aparece brevemente en la novela *El tango de la guardia vieja* de Arturo Pérez-Reverte.

1. Responde a las siguientes preguntas.

1. ¿Cuándo comienza la mujer a presentar sus películas como directora de cine?
2. ¿Qué premios se mencionan en el texto?
3. ¿Quién es Teresa Font?
4. ¿Cuál es la finalidad de la celebración del Festival de Cine por mujeres?
5. ¿Qué características tiene el cine dirigido por mujeres?
6. ¿La industria cinematográfica reconoce y valora a las mujeres realizadoras?

2. Relaciona las siguientes palabras para formar bloques léxicos.

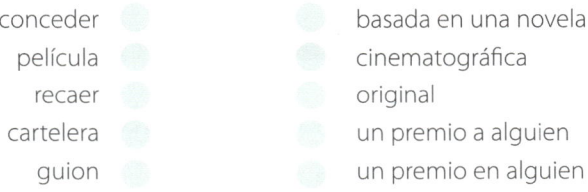

conceder — basada en una novela
película — cinematográfica
recaer — original
cartelera — un premio a alguien
guion — un premio en alguien

3. ¿Qué significan las siguientes frases?

1. ser protagonista en la sombra
2. perseguir un sueño con tenacidad
3. tener una mirada diferente

4. Profesiones cinematográficas. Hay cuatro definiciones que están cambiadas. Modifícalas.

1. **Director:** Persona que se encarga de seleccionar, organizar y ensamblar los diferentes fragmentos que componen una película.
2. **Actores:** Son los personajes que tienen un papel en la película. Pueden ser protagonistas o secundarios.
3. **Productor:** Elabora la idea escrita en la cual se basa el argumento de la película. Colabora con el director.
4. **Guionista:** Es una persona o empresa encargada de los gastos de una película.
5. **Director de fotografía:** Se encarga de la creación del ambiente en la película a partir de la iluminación y las condiciones de trabajo de la cámara.
6. **Montador:** Elabora y planifica el guion técnico. Coordina los ensayos, los rodajes y el montaje, y dirige a los actores.

Nuevos valores del cine español e hispanoamericano

Mujeres realizadoras en el cine hispanoamericano actual

La llegada de la mujer se ha producido con escasas pero notables directoras: la argentina Lucrecia Martel, que en 2001 estrenó *La ciénaga*, o la chilena Dominga Sotomayor, en cuyos cortos y largometrajes aparecen historias sensibles de familias imperfectas, como todas. Las películas de estas directoras lograron dotar al cine hispanoamericano de una mirada femenina y permiten entrever no solo las problemáticas de las mujeres, sino que muestran, además, a mujeres como protagonistas del drama. Son mujeres reales, alejadas de ese realismo mágico tan cercano al cine y a la literatura de América Latina.

Nueva promoción española detrás de la cámara

Existe una nueva promoción de directoras noveles que han rodado sus primeras obras estos últimos años. Entre ellas destaca la directora navarra Andrea Jaurrieta y su película *Ana de día*, un largometraje para el que le costó más de tres años encontrar financiación. Fue, finalmente, con la ayuda de una campaña de microfinanciación, cuando la ópera prima de Jaurrieta se hizo realidad en 2018 y se convirtió en una de las grandes apuestas del cine independiente español de ese año. Andrea Jaurrieta quería «ofrecer una historia para reflexionar sobre la educación, los límites y las represiones que nos autoimponemos y que vienen directamente impuestas por la sociedad en la que vivimos, a través de la mirada de una mujer».

Dos realizadoras que hay que tener en cuenta

Hace unos años, María Ripoll llamó la atención a todos con su cuarto largometraje, *Tu vida en 65'* (2006), tras tres largometrajes que habían pasado bastante desapercibidos. Rodó después dos películas, una de ellas fue el taquillazo *Ahora o nunca* (2015).

Carla Simón alcanzó cierto nombre gracias a sus cortometrajes experimentales, pero *Verano 1993*, su ópera prima, fue seleccionada por la Berlinale Script Station y ganó el premio de guion de la SGAE, y el primer premio en el Holland Film Meeting.

el cine hecho por mujeres

¿Sabías que…?

Existe una asociación profesional llamada CIMA, cuyos objetivos son fomentar una presencia igualitaria de las profesionales del sector cinematográfico, que contribuye a una representación equilibrada y realista de la mujer dentro de los contenidos que ofrece este medio. De ese mismo programa salió *Verano 1993*, de Carla Simón, que fue, sin duda, la gran sensación del cine español de 2017.

1. Completa las frases siguientes.

a. Las películas de estas directoras lograron dotar al cine hispanoamericano de

b. Andrea Jaurrieta dirigió el largometraje *Ana de día*. Su financiación le costó más de

c. La película *Ana de día* ofrece una historia que lleva a la reflexión sobre

d. La cuarta película dirigida por María Ripoll tuvo

e. *Ahora o nunca*, dirigida también por María Ripoll, fue un

f. De la mano de Carla Simón nos llegan muchos

2. Busca un sinónimo para cada una de estas palabras:

filmar • protagonistas • estreno • película • principiante

largometraje
personajes principales
rodar
proyección primera
novel

ENTREVISTA

Isabel Coixet

Es la única mujer que pertenece al selecto grupo de realizadores con más premios Goya a la mejor dirección, dos en total. Comparte título con Almodóvar, Amenábar, León de Aranoa, Bayona y Trueba.

El éxito internacional le llegó en 2003 de la mano del drama intimista *Mi vida sin mí*, una cinta basada en un relato corto de Nancy Kincaid. Isabel Coixet recibió el Goya al mejor guion. Otro de esos premios Goya lo logró por su trabajo en *La vida secreta de las palabras*, una oda al peso del pasado. La película fue galardona en cuatro categorías: mejor película, mejor director, mejor producción y mejor guion.

A principios de 2009, Isabel Coixet finalizó el rodaje de *Mapa de los sonidos de Tokio*, rodada entre Barcelona y Tokio, con un guion de ella misma.

La catalana forma parte de ese 9% de directoras en el género de ficción que, en el año 2017, pudo estrenar su proyecto, en su caso *La librería*. El guion de esta película, adaptado por Coixet, se basa en la novela homónima de la escritora inglesa Penelope Fitzgerald, y la película fue rodada en Irlanda del Norte y en Barcelona.

En 2020 estrenó *Nieva en Benidorm*, un rodaje realizado en la ciudad de la Costa Blanca en el que contó con actores tan importantes como Carmen Machi.

---

1. Completa el siguiente diagrama con la información del artículo sobre Isabel Coixet.

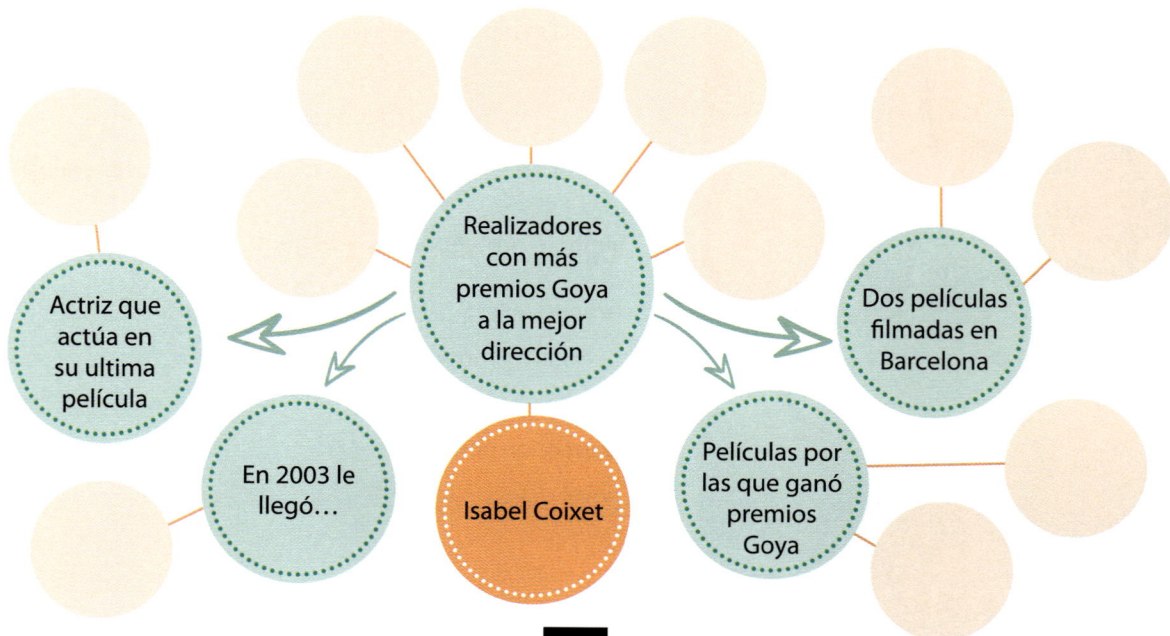

el cine hecho por mujeres

De niña, ¿cómo reaccionaba cuando veía una película?

Me fascinaba el cine como acto social, como ceremonia, como aventura, como experiencia, como descubrimiento.

¿Ha tenido ídolos al comenzar su carrera? Si es así, ¿cuáles eran?

Mi gran ídolo siempre fue Agnès Varda. Y su inmensa curiosidad siempre fue un estímulo para mí.

¿Cuándo empezó a sentirse atraída por la dirección de cine?

Desde que era adolescente. Siempre pensé que de un modo u otro acabaría haciendo películas.

¿Le interesa dirigir una película que otra persona ha escrito?

He hecho películas con guion de otras personas, pero siempre prefiero trabajar yo misma en el guion.

¿Cuál es la relación del guionista con el director?

Depende de cada caso, en los casos que he dirigido guiones de otros autores, siempre ha ido bien.

¿Cómo descubre al actor o actriz idóneo para cada papel de sus películas?

Es siempre una mezcla entre haber visto las películas previas del actor y una corazonada.

> « *Si no sabes estar solo, nunca podrás relacionarte con los demás de una manera sana* »

¿Cómo es su relación de directora con sus intérpretes?

Cordial, amistosa, cómplice, cercana.

¿Se hace amiga de sus actores?

A veces, sí. No siempre ocurre, aunque se tenga una buena relación en el rodaje, eso no implica necesariamente amistad.

Usted dice que la gente tiene que aprender a estar sola, ¿a qué se refiere?

A que, si no sabes estar solo, nunca podrás relacionarte con los demás de una manera sana.

¿Cómo son los grandes personajes de ficción?

Humanos, muy humanos. Con contradicciones, flaquezas, aciertos, errores. De todo un poco.

¿Cómo cree usted que se debe leer un libro?

Pues bien. De principio a fin. Con concentración. Con apertura de espíritu. ❖

---

2. Responde a las siguientes preguntas sobre la entrevista a Isabel Coixet.

   a. Cuando Isabel Coixet era niña, ¿qué significaba el cine para ella? ¿cómo lo veía?
   b. Escribe cinco adjetivos que usa Isabel Coixet en sus respuestas y relaciónalas con el tema correspondiente.
   c. ¿Cómo crees que es Isabel Coixet en su trabajo profesional?
   d. ¿La ves como una persona autoritaria o como alguien a quien le gusta el trabajo en equipo? ¿Qué te hace pensar así?

el cine y el fenómeno de las series

¿Sabías que...?

La gran popularidad de la serie se refleja en el hecho de que el mono rojo y la máscara de Dalí que llevan los protagonistas es uno de los disfraces más utilizados en las fiestas de Carnaval de los últimos años, o en la popularización de la canción italiana adoptada por antifascista *Bella ciao* que se escucha varias veces a lo largo de la serie.

LA CASA DE PAPEL

1. ¿Has visto esta serie o conoces a alguien que la haya visto? ¿Qué sabes de ella?
2. ¿Qué te sugiere el cartel? ¿Puedes adivinar el género o algo de la trama?
3. Lee el siguiente texto y completa la ficha técnica con los datos que faltan.

La casa de papel es una serie de ficción española creada por Álex Pina y protagonizada por Úrsula Corberó, Álvaro Morte, Itziar Ituño, Pedro Alonso, Najwa Nimri y Alba Flores entre otros. Se estrenó el 2 de mayo de 2017, en la cadena Antena 3, que emitió las dos primeras partes de la serie en España, sin mucho éxito. A finales de ese año, fue adquirida por Netflix, que distribuyó la serie en todo el mundo. A partir de ese momento se convirtió en un fenómeno global, que creció aún más con el lanzamiento de la tercera parte en julio de 2019 y la cuarta, en abril de 2020. La serie terminará en su quinta temporada.

FICHA TÉCNICA

Año de estreno: 2017
Temporadas:
País: 🇪🇸 España
Creador: Álex Pina
Guion:
Reparto:

Productora: Vancouver Media, Atresmedia y Netflix
Género: Acción

Premios:

- Premio Emmy Internacional 2018 al mejor drama.
- Premio Fénix 2018 a la mejor serie.
- Premio Iris 2017 al mejor guion; dos premios Iris 2018, a la mejor ficción y a la mejor actriz; y cinco premios Iris 2019 a la mejor ficción, al mejor actor, a la mejor actriz, al mejor director y a la mejor producción.

Sinopsis

Las primeras dos partes de la serie gira en torno a un asalto de varios días preparado contra la Fábrica Nacional de Moneda y Timbre (la fábrica del dinero en España). Un hombre misterioso, conocido como «El Profesor», está planeando el mayor atraco de la historia. Para ello forma un equipo de ocho personas y les prepara cinco meses para el gran golpe, pero al final solo tienen once días para poder hacer con éxito el gran golpe. El objetivo es entrar en la Fábrica y salir de allí con el dinero de curso legal recién impreso y sin registrar: 2400 millones de euros. Si quieren conseguirlo, tienen que encerrarse once días dentro de la fábrica, durante los cuales tendrán en contra a las fuerzas de élite de la policía y a 67 rehenes. Además de su líder, «El Profesor», la banda de atracadores está formada por: «Tokio», una joven ladrona muy buscada por la policía; «Berlín», que asume el papel de cabecilla o jefe; «Moscú», el experto en túneles; «Río», el informático; «Nairobi», la falsificadora; «Denver», el hijo de Moscú; y la fuerza bruta de «Helsinki». Así comienza la aventura.

La casa de papel se ha convertido así en la serie de habla no inglesa más vista a nivel mundial, con una legión de fans de todos los rincones del planeta. Según uno de sus protagonistas, Álvaro Morte, el éxito se debe a «un equilibrio perfecto entre acción, drama, comedia y momentos emocionales[...]. Hay otra cosa importante, que es que tiene un tremendo sentido revolucionario. ¿Quién no se identifica con ese pez pequeño que puede contra el pez grande?».

4. Los protagonistas de la serie ocultan su nombre bajo el de una ciudad: Tokio, Berlín, Nairobi... ¿Qué ciudad elegirías tú como apodo y por qué?

Las nuevas plataformas

El fenómeno de las series televisivas de ficción ha tenido un gran impacto en la industria audiovisual. En la última década, la ficción televisiva, sobre todo en países anglosajones, ha alcanzado una alta calidad y muchos críticos consideran que las mejores historias se cuentan actualmente en la pequeña pantalla y no en el cine. Hay teleseries que se han convertido ya en auténticos clásicos y que han demostrado que el riesgo, la calidad narrativa y el talento de las interpretaciones no son exclusivos del cine.

Este fenómeno ha llegado a España representado por las series emitidas en plataformas de pago como Netflix, HBO o Amazon. Tras varios años de éxitos locales, las series españolas se han disparado hasta convertirse en el gran fenómeno de la televisión contemporánea.

Siempre costosa en términos económicos y, por tanto, arriesgada, la ficción sigue siendo el gran motor de la industria audiovisual. Aun en tiempos de audiencias fragmentadas, las teleseries siguen atrayendo la atención mayoritaria de los espectadores.

Las series españolas de éxito ya tenían una larga historia (*Los Serrano*, *El internado*, *Isabel*, *Gran Hotel* o *Cuéntame*), pero el interés mundial es mucho más reciente, y ha ido apareciendo una industria con tramas más ambiciosas, con elementos de identidad nacional, pero sin descuidar la exploración de valores universales. Llegaron proyectos más complejos, como *Pulseras rojas*, *El tiempo entre costuras* o *Vis a vis*. Series que han conseguido captar la atención de millones de espectadores en cada uno de sus capítulos a lo largo de sus temporadas e incluso han traspasado fronteras al ser vendidas y adaptadas en el extranjero. Muchas cadenas y plataformas internacionales se fijaron en estas producciones con contenidos cada vez de mayor calidad técnica y narrativa, y comenzó la

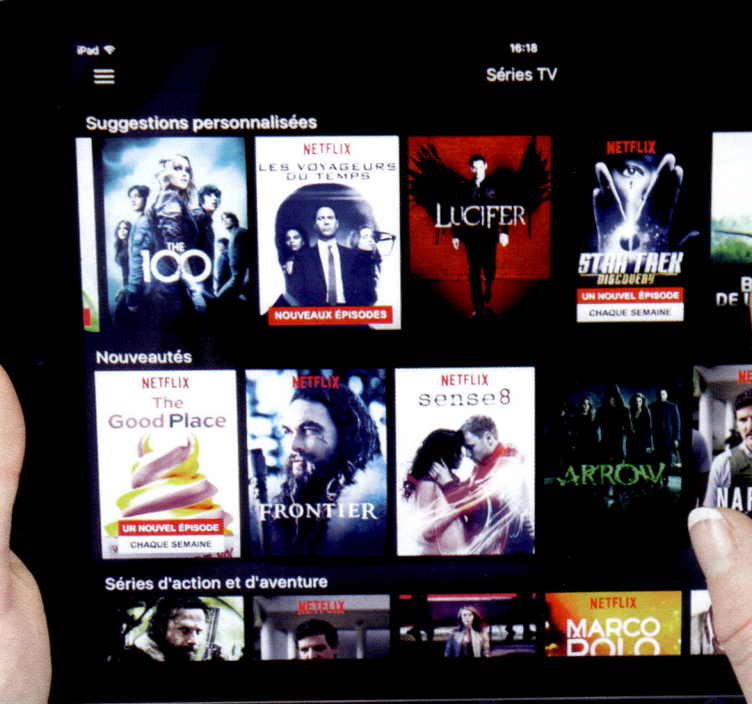

¿Sabías que…?

La era de las plataformas televisivas *on-line* nos ha traído diferentes formas y conceptos sobre el consumo de series. Puedes hacerte un maratón, ver películas o capítulos de ficción de forma consecutiva. Pero también puedes ver algo que odias solo por el sentimiento de frustración que te genera (y para poder comentarlo en redes sociales).

el cine y el fenómeno de las series

exportación de producciones españolas a distintos mercados internacionales. Netflix fue determinante para su consolidación definitiva entre las industrias más populares en el mundo. En 2018 estableció en Madrid su primera sede de producción europea.

Además, España cuenta con la ventaja lingüística, al ser el español el segundo idioma nativo más hablado del mundo. Actualmente, la ficción seriada española está viviendo una auténtica era dorada. Las series españolas tuvieron una producción de 38 títulos en 2015 que se disparó a 58 en 2018. Y que está previsto que supere los 70 proyectos en 2022. Además de la indiscutible gran triunfadora, *La casa de papel*, existen otras muchas series que han disfrutado o están disfrutando de gran éxito:

- *Las chicas del cable*, con una gran aceptación, al dirigirse a un público femenino históricamente relegado en contenidos de mayor calidad.
- *Élite*, serie juvenil en Netflix…
- *Velvet*, serie de romance y suspense adquirida por Movistar+ para producir una serie derivada titulada *Velvet Colección* con un reparto coral encabezado por Marta Hazas.
- *El Ministerio del Tiempo*, serie de Televisión Española de género fantástico y ficción histórica, adquirida primero por Netflix y luego por HBO.

Si quieres conocer a María Valverde, una actriz de comedias y series de televisión, accede a la entrevista que nos ha concedido a través de este enlace.

1. **Lee el texto y busca el nombre de una serie española…**

   a. emitida en diferentes plataformas:
   _____

   b. con contenido histórico:
   _____

   c. para público juvenil:
   _____

   d. para público femenino:
   _____

2. **Como ocurre en toda pasión compartida, el mundo de las series de televisión tiene su propio lenguaje y vocabulario, lleno de anglicismos. ¿Puedes relacionar cada término con su traducción correcta en español y su definición?**

a. *Sitcom*	1. Afición
b. *Spoiler*	2. Avance
c. *Plot twist*	3. Comedia de situación
d. *Blooper*	4. Destripe
e. *Trailer*	5. Salto atrás
f. *Fandom*	6. Tomas falsas
g. *Flashback*	7. Vuelta de tuerca

   I. Desvelar contenido de una parte importante de la trama o el final de una serie.

   II. Error o metedura de pata al grabarse una escena.

   III. Giro radical e inesperado de la trama que se da de forma repentina para el espectador.

   IV. Grupo de aficionados de una serie.

   V. Recurso narrativo que rompe la secuencia cronológica, llevando la acción a algún momento en el pasado.

   VI. Resumen audiovisual de una película o serie.

   VII. Serie cómica de televisión u otra plataforma que narra episodios independientes con los mismos actores y el mismo escenario.

   a. ○○   b. ○○   c. ○○
   d. ○○   e. ○○   f. ○○
   g. ○○

Las telenovelas hispanoamericanas

Antes del *boom* de las series en plataformas digitales ya habíamos tenido otro gran fenómeno de consumo masivo de un tipo de producción televisiva: las telenovelas, series creadas en países hispanoamericanos con millones de apasionados seguidores. Estas telenovelas encontraron la fórmula del éxito y traspasaron fronteras, durante décadas gozaron de un éxito extraordinario y no solo entre el público hispano. Las telenovelas han causado desde los años 80 un impacto sociopolítico y cultural y supusieron el inicio de un nuevo fenómeno del entretenimiento nacional e internacional. Gozan de gran popularidad en toda América Latina y en países como Portugal, España, Italia y Grecia, en Europa del Este, Turquía, China, Filipinas o Israel. Los canales televisivos de México, Venezuela, Colombia o Brasil destinan grandes presupuestos a la producción de este tipo de programas.

En las telenovelas se cuentan historias melodramáticas a lo largo de varios capítulos en los que los personajes principales tienen que luchar contra grandes villanos y terminan encontrando la felicidad en el capítulo final, pasando previamente por toda clase de peripecias y desgracias.

Sus historias sentimentales están llenas de intrigas, engaños y confusiones, pero con los años han ganado más acción e incorporado elementos de otros géneros, como el policiaco, la comedia, el *thriller* e incluso la ciencia ficción. Los capítulos finales de algunas de estas producciones han llegado a paralizar el país donde se emitían.

En las últimas décadas, algunos de estos éxitos han pasado a formar parte del catálogo de plataformas, como Netflix, y han vivido una segunda etapa dorada.

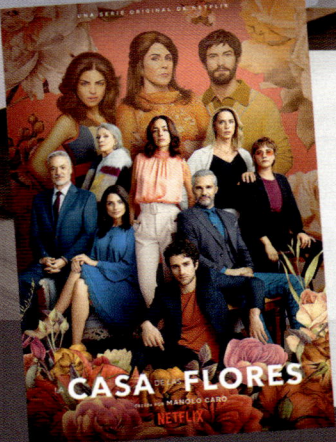

La casa de las flores

México, 2018. Serie de comedia dramática mexicana, creada por Manolo Caro para Netflix. La trama se desenvuelve en una floristería familiar supuestamente idílica, pero llena de secretos. Tras la muerte de su amante, el padre de la familia de la Mora, se ve forzado a confesar a sus tres hijos y esposa, que además es propietario de un cabaret que tiene el mismo nombre que la florería. Esta serie es un gran homenaje satírico a la telenovela mexicana y ahonda en temas muy presentes en la sociedad, como la diversidad de clases y la homosexualidad.

Pasión de gavilanes

Colombia, 2003. Escrita por Julio Jiménez y producida por RTI Televisión para Caracol Televisión y Telemundo. Fue un gran éxito mundial, líder de audiencia en muchos países. Tres hermanos buscan vengar la trágica muerte de un ser querido, pero acaban involucrándose emocionalmente con las hijas del responsable. La historia de amor y desamor de los hermanos Reyes con las hermanas Elizondo enganchó a millones de mujeres.

el cine y el fenómeno de las series

1. **Indica a cuál o cuáles de las telenovelas nombradas corresponden las siguientes afirmaciones.**

	Pasión de gavilanes	La casa de las flores	Yo soy Betty, la fea
1. Es una telenovela transgresora.			
2. Ha tenido versiones en varios países.			
3. Fue un gran éxito de público.			
4. Hay dos familias enfrentadas.			
5. Batió un récord.			

2. **Señala tres características de este género de producción cinematográfica:**

3. **¿Existe el género de la telenovela en tu país? ¿Has sido seguidor de alguna?**

4. **Elige una de las telenovelas y completa el diagrama:**

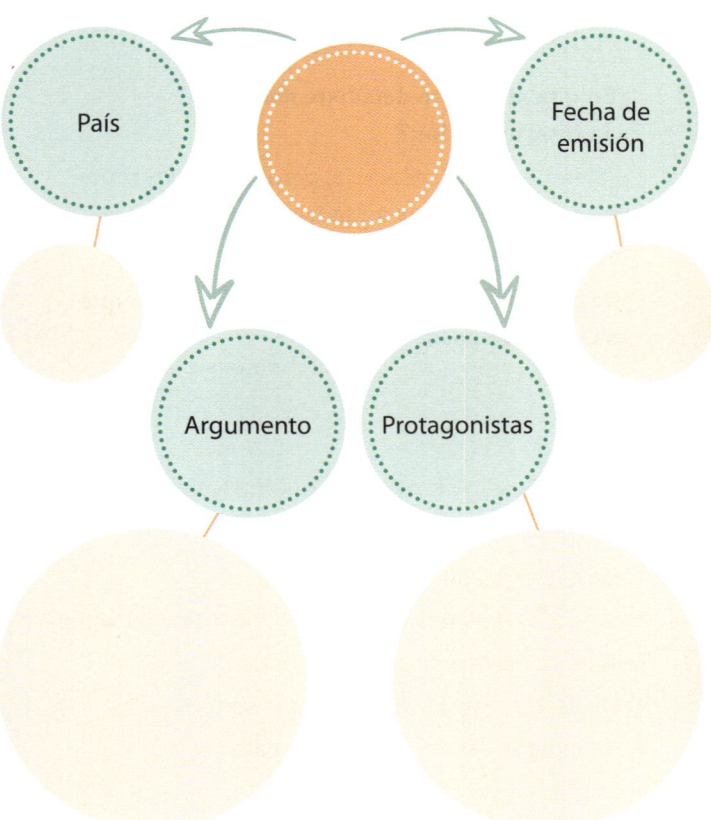

Yo soy Betty, la fea

Colombia, 1999. Escrita por Fernando Gaitán y producida por el canal RCN. En el año 2010 entró en el *Libro Guinness de los récords* como la telenovela más exitosa de todos los tiempos, vista en más de 200 países con éxito de cuota de pantalla y reversionada en más de 40 países. El personaje principal es Beatriz Aurora Pinzón (Betty), una mujer muy inteligente, pero poco atractiva, que trabaja en la industria de la moda y tiene que soportar las burlas de sus compañeros de trabajo. Ella se enamora en secreto de su jefe.

ENTREVISTA

Marta Hazas

Tras licenciarse en Periodismo, estudió Arte Dramático y hoy es una popular actriz, muy conocida por su participación en series televisivas, como *El internado*, *Bandolera* o *Velvet*. Marta nos atiende por teléfono y le damos las gracias por ello y por su amabilidad.

¿Cómo eras de pequeña?

Siempre he sido una niña alegre, risueña, la versión pequeña de lo que soy ahora; con virtudes y defectos, que voy intentando pulir con el tiempo.

¿Cuáles fueron tus primeros estudios universitarios?

Terminé la carrera de Periodismo.

¿En qué momento decidiste dedicarte a la interpretación?

Siempre quise ser actriz, pero, cuando terminé Periodismo, me vine a Madrid a estudiar en la escuela de Cristina Rota.

¿Te sigues considerando periodista o crees que esa etapa ya pasó?

Yo nunca me he considerado periodista, nunca he ejercicio más allá de las prácticas. Me considero actriz de profesión y de vocación.

¿Qué o quién ha influido en tu carrera como actriz?

Muchas personas, empezando por mis yayos, con quienes veía las películas de cine clásico que me hicieron amar el cine, las zarzuelas, el teatro... Mis primeros pasos con mis profesores, como Fernando Incera, la propia Cristina Rota, profesionales, actores con los que he tenido la suerte de ir trabajando y que me han enseñado a tener claro qué tipo de actriz quiero ser...

Y la libertad que siempre me han dado en mi casa.

Si quieres escuchar la entrevista completa, accede a través del código de tu libro.

---

1. Indica si las siguientes afirmaciones son verdaderas o falsas:

V   F

1. No ha cambiado nada desde niña.
2. Después de estudiar Periodismo, pensó en ser actriz.
3. Es difícil hacer amigos en el mundo del cine.
4. Michael Jordan y Marilyn Monroe son sus ídolos.
5. Siempre se lleva el personaje a casa.

2. Nombra cuatro adjetivos del carácter de Marta:

el cine y el fenómeno de las series

¿Te sientes cercana a los personajes a los que interpretas?

Depende del personaje. Lo que sí te puedo decir es que cuando dicen «acción» no es que me sienta cercana, es que soy ese personaje.

¿Qué personaje te gustaría interpretar?

No sé, quizá hacer de una villana u otra heroína. He tenido suerte de interpretar a mujeres muy potentes. Lo que más me apetece es contar historias que lleguen a la gente a través de los personajes, que tengan detrás un buen guion.

> « *Yo nunca me he considerado periodista, nunca he ejercio más allá de las prácticas. Me considero actriz de profesión y de vocación* »

¿Se puede llegar a tener una verdadera amistad con los compañeros de reparto o crees que es mejor distanciarse un poco?

No creo. No hay que distanciarse, son personas con las que se pasa muchas horas al día y ocurre en cualquier profesión. Se conoce a mucha gente y es una oportunidad de encontrar a gente maravillosa. Y a lo largo de los años yo puedo decir que tengo muy buenos amigos dentro de la profesión.

¿Cómo consigues parecer tan cercana en tus apariciones públicas, en las entrevistas, las ruedas de prensa, etc.?

Sinceramente no sé si parezco cercana. Tengo carácter más de norte, más cerrado y no es algo premeditado. Mira, me alegra si es así porque creo que, cuando eres el periodista, tiene que ser difícil tratar con alguien distante. Es algo que, sin pretenderlo, me alegra conseguirlo.

¿Podrías mencionar tres características de un ídolo de juventud?

Nunca he tenido ídolos. Quizá más en el mundo del deporte: Michael Jordan, tenistas... Creo en el trabajo, en la superación personal. O Marilyn Monroe, con un magnetismo especial, siempre me ha fascinado su don para la comedia. Pero sin llegar a ser ídolos.

3. Completa con la información sobre Marta Hazas.

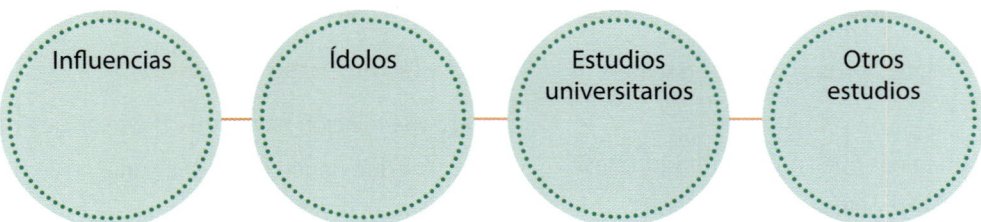

4. ¿A qué se refiere Marta cuando dice que su carácter «es más del norte»? ¿Y cuando habla de «mujeres muy potentes»?

el cine y las tecnologías

1. Observa el cartel y responde a estas preguntas.

a. ¿Cómo te imaginas que son los protagonistas?

b. ¿Has visto alguna película de animación? ¿Te gustan?

2. Lee la sinopsis y responde:

a. ¿Qué relación hay entre los personajes?

a. ¿Por qué tienen que ir a la Luna?

a. ¿Qué es lo que pretende Richard Carson, el antagonista de Mike Goldwing?

FICHA TÉCNICA

Año: 2015
Duración: 97 minutos
País: 🇪🇸 España
Dirección: Enrique Gato
Guion: Jordi Gasull, Javier Barreira y Neil Landau
Ilustradores: Paco Sáez y José Prats
Música: Diego Navarro

Dirección artística: Juan Jesús García Galocha
Actores de doblaje: Michelle Jenner, Dani Rovira, José Corbacho y otros
Productora: Coproducción España-Estados Unidos; 4 Cats Pictures, Ikiru Films, LightBox Entertainment, Telecinco Cinema y Telefónica Studios
Género: Animación

Premios:
- Goya 2015 a la mejor película de animación.
- Premio Forqué 2015 al cine y educación en valores.
- Premio Gaudí 2015 a la mejor película de animación.
- Premio Platino 2016 a la mejor película de animación.
- Festival de Annecy 2016, Sección oficial largometrajes (fuera de concurso).

Sinopsis

Richard Carson, un ambicioso multimillonario, quiere apropiarse del satélite terrestre y explotar la fuente de energía limpia y real del futuro, el Helio 3. Para ello, deberá borrar de la historia la gesta de los astronautas del Apolo XI y sus famosos primeros pasos por la Luna, algo que el 40% de la población mundial cree que es mentira. El único capaz de impedirlo es un simpático y decidido surfista de 12 años, Mike Goldwing. Con la ayuda de sus amigos -el friki Marty, la futura periodista Amy y un pequeño lagarto con aspiraciones de ser Godzilla-, viajan a la Luna acompañados por el abuelo de Mike, un antiguo astronauta.

3. Observa la ficha técnica. ¿Quiénes son estos profesionales de la película? ¿Sabes qué hace cada uno?

a. Los productores:

b. Los guionistas:

c. Los ilustradores:

d. El director:

e. El director artístico:

f. Los actores de doblaje:

La animación española,
un sector reconocido internacionalmente

El sector de la animación y los efectos visuales es uno de los que han crecido más a nivel internacional en los últimos años en España. Entre el público, existe la idea de identificar cine de animación con público infantil, pero la realidad es que se trata de un género dirigido a todos los públicos.

El gran cambio del cine de animación ha sido la utilización de ordenadores en el proceso técnico y creativo de las películas. El uso de alta tecnología exige el trabajo de profesionales técnicos especializados, como, por ejemplo: animador, fondista, técnico iluminador, diseñadores gráficos en 3D y diseño web, guionista y asistentes de animación. Además, los personajes cobran vida a través de los actores de doblaje que prestan la voz.

Es una industria que mueve millones de dólares. Los grandes distribuidores de animación, como DreamWorks, Disney o Pixar, quieren llegar el mismo día, no solo a los grandes mercados de cine o televisión norteamericanos, europeos o chinos, sino, además, a cualquier lugar donde hay una tableta, un teléfono móvil o un módem de fibra a nivel mundial.

Entre los 20 largometrajes que más dinero han recaudado en la historia del cine se encuentran algunos éxitos de animación como *Toy Story 3* (2010), *Frozen* (2013) y *Minions* (2015) y todos ellos con una recaudación por encima de los mil millones de dólares.

La saga de las aventuras de *Tadeo Jones* (2012), de Enrique Gato, marcó un hito en la producción de cine de animación en España. Además, en los últimos años, han destacado producciones como *Planeta 51* (2009), de Jorge Blanco; *Mortadelo y Filemón* (2014), de Javier Fesser; *Atrapa la bandera* (2015), de Enrique Gato; y *Deep* (2017), de Julio Soto Gurpe.

Fernando Trueba y Javier Mariscal consiguieron en 2012 la nominación de la Academia de Hollywood al Óscar a la mejor película de animación con *Chico & Rita*.

Son buenos tiempos para el cine de animación español, que ha colocado a España como el quinto productor mundial de largometrajes de animación y el segundo europeo. El éxito más reciente en el cine de animación ha sido la nominación al Óscar por la película *Klaus* (2019), un largometraje de Sergio Pablos sobre la historia de Papá Noel que ha conmovido a millones de espectadores de todo el mundo.

¿Sabías que…?

La película animada *Planeta 51*, de Jorge Blanco, fue estrenada en el espacio. Los astronautas de la estación espacial internacional pudieron verla por primera vez antes de su estreno en 2009, con lo que se convirtió en la película más taquillera de la historia del cine español con impacto mundial.

el cine y las tecnologías

1. Lee el texto y busca...

a. el nombre de tres distribuidoras de cine estadounidenses:

b. el nombre de dos películas de Enrique Gato:

c. cinco profesiones especializadas en la producción de cine:

d. el título de la película de Javier Fesser:

e. el título de una película nominada a los Óscar:

2. Contesta si son verdaderas (V) o falsas (F) las siguientes afirmaciones:

V   F

a. El cine de animación está dirigido al público infantil.
b. Lo que diferencia al cine de animación es el uso de la alta tecnología en la producción.
c. El objetivo de las grandes productoras de animación es que las películas lleguen en el día a través de todos los dispositivos posibles.
d. Fernando Trueba ganó el Óscar a la mejor película de animación por *Chico & Rita*.
e. El cine de animación en España está muy bien considerado internacionalmente.

Si quieres escuchar una entrevista a Javier Mariscal, accede a través del código de tu libro.

3. Encuentra en el texto frases con el mismo significado que las siguientes:

a. El cine de animación está dirigido a niños y adultos.
b. Los técnicos especializados son fundamentales para la producción de una película de animación.
c. La industria del cine de animación genera millones de dólares.
d. La industria del cine de animación tiene reconocimiento internacional.

4. Relaciona cada profesión con su trabajo.

a. Productores
b. Guionistas
c. Ilustradores
d. Animadores
e. Fondistas
f. Asistentes de animación
g. Director
h. Directores artísticos
i. Actores de doblaje
j. Técnicos informáticos

1. Crean la historia.
2. Crean los personajes y diseñan las escenas.
3. Definen la línea visual de la película, de toda la imagen que se ve en pantalla, transmiten esos conceptos a los fondistas y a los animadores.
4. Diseñan el *software* necesario para la producción de la película.
5. Hacen la inversión e intervienen en la producción para asegurarse el éxito comercial de la película.
6. Pasan a limpio los dibujos de los animadores, porque el dibujo del animador es muy gestual y el trazo es más basto. Por eso, es necesario otro equipo de profesionales que se ocupa de realizar el trazo final de los dibujos que luego ven en pantalla.
7. Se encarga de coordinar la labor artística de todos los profesionales.
8. Se encargan de reflejar el movimiento y la actuación de los personajes.
9. Se ocupan de dibujar los fondos, es decir, los escenarios en los que se mueven los personajes.
10. Son actores profesionales que leen interpretando los diálogos para darle vida sonora a los personajes.

El cine de animación en LATAM (Latinoamérica)

En los últimos años, las películas de animación de América Latina han crecido notablemente y comienzan a tener reconocimiento internacional frente a las grandes productoras estadounidenses. Se trata de un mercado sin muchos recursos, pero con creadores y directores con talento y ganas de sacar adelante proyectos interesantes.

Una de estas películas es *Metegol* (2013), del director argentino Juan José Campanella (oscarizado por su película *El secreto de sus ojos*). Tiene como protagonistas a los futbolistas del juego del futbolín. Obtuvo un gran éxito de taquilla tanto entre el público infantil como entre el adulto. El protagonista, Amadeo, tiene que jugar contra un antiguo enemigo de colegio que regresa convertido en el mejor futbolista del mundo y quiere convertir el pueblo en un parque temático.

El libro de Lila (2017), de la colombiana Marcela Rincón, narra la historia de Lila, la niña protagonista de un cuento que un día se sale de su mundo. Lila busca una nueva amiga, Manuela, y juntas hacen un viaje hacia el Olvido, un misterioso y oscuro lugar donde ha caído el libro de Lila. Ambas vivirán grandes aventuras, de las que aprenderán cuál es el valor de la amistad. En 2017 obtuvo el premio Platino a la mejor película de animación del cine iberoamericano.

La casa lobo (2018) es una obra de los chilenos Joaquín Cociña y Cristóbal León. Se trata de una película basada en hechos reales donde la joven protagonista, María, se refugia en una extraña casa en el bosque, después de escapar de una secta religiosa en Chile. Como si estuviera en un sueño, la casa cobra vida y convierte su estancia en una pesadilla, como respuesta a los sentimientos de la joven. Obtuvo el premio Platino a la mejor película de animación del cine iberoamericano en 2019.

Ana y Bruno (2018), del director mexicano Carlos Carrera, ha sido considerada como una de las mejores películas de animación de los últimos años. La historia gira en torno a Ana, una niña pequeña que llega a una extraña casa y decide escapar y buscar a su padre para salvar a su madre de un monstruo. Con la ayuda de personajes extraños, fantásticos y divertidos, empieza un viaje lleno de emocionantes aventuras.

Por último, en la película brasileña *El niño y el mundo*, nominada al Óscar a la mejor película de animación en el año 2015, el protagonista es un niño que viaja en busca de su padre, que tuvo que marcharse en busca de trabajo. En su aventura, descubre lo que es la injusticia, pero también la solidaridad. Es una película llena de colores muy brillantes, como lo es América Latina, y con una música bellísima. Su director es Alê Abreu.

el cine y las tecnologías

1. Completa la siguiente tabla con la información del texto.

Película: *El libro de Lila*
Nacionalidad: **Director:**
Historia:

....

Película:
Nacionalidad: mexicana   **Director:**
Historia:

....

Película:
Nacionalidad: **Director:** Juan José Campanella
Historia:

....

Película:
Nacionalidad: **Director:**
Historia: Un niño viaja en busca de su padre.

....

Película:
Nacionalidad: chilena   **Director:**
Historia:

2. Elige una de las películas de animación, busca la información y completa el diagrama.

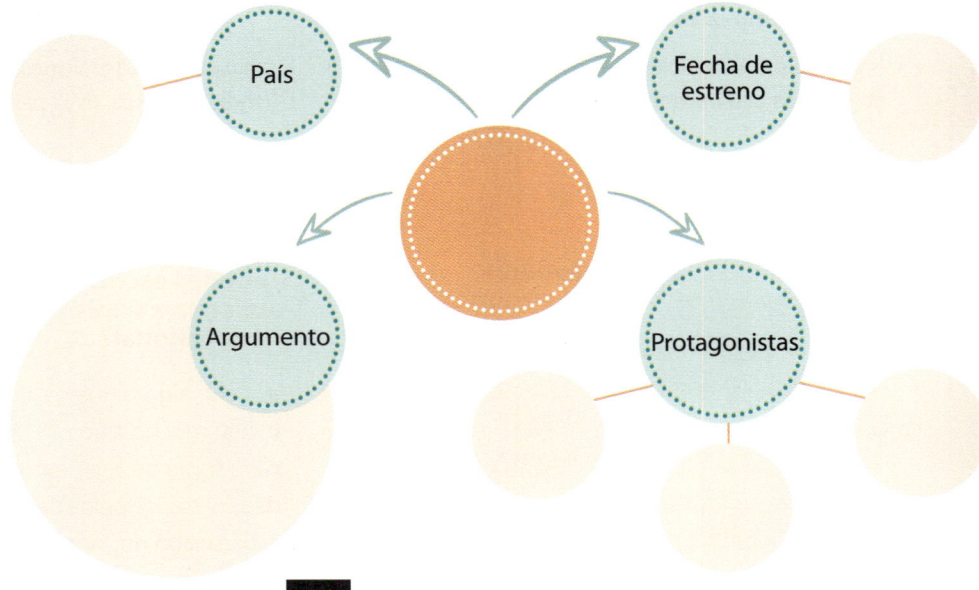

- País
- Fecha de estreno
- Argumento
- Protagonistas

43

ENTREVISTA

Enrique Gato

Es un director, guionista y animador de producciones en 3D español, es socio y fundador de Lightbox Animation Studios y de Lightbox Academy, y ha recibido siete premios Goya. Enrique nos recibe en su estudio en plena producción de una nueva película y le damos las gracias por ello y por su amabilidad. Si quieres escuchar la entrevista original completa, accede a través del código de tu libro.

Tú tienes formación de ingeniero. ¿Cómo saltas a la animación?

Yo, desde muy pequeñito, he tenido siempre como una doble vocación. Me ha tirado mucho el arte, pero en mi familia nadie se dedica a esto. Por otra parte, siempre me ha atraído un montón la tecnología. Son dos partes que no puedo separar de mí, la tecnología y el arte. Y decidí que podía hacer Ingeniería Informática. Fue curiosamente en los años de la carrera donde encontré una asociación dentro de la facultad que se dedicaba a una cosa nueva, que era hacer arte por ordenador, algo que no se había inventado todavía. ¡Entonces pensé que era maravilloso! Había encontrado algo que juntaba las dos cosas.

¿Y cómo empezaste a diseñar animación?

Fue en esa asociación donde aprendí a manejar programas con los que se podía hacer un poquito de animación, como una pelota pegando botes y cosas por el estilo. Y también desde allí empezaron a llegar ofertas de trabajo de un estudio que estaba comenzando a hacer videojuegos en España y que cada vez era más conocido, que se llamaba Pyro Studios, que creó un videojuego que tuvo mucho éxito, el *Commandos*. Era el superjuego que se hizo en España en el año 98, donde todo era muy arcaico y las versiones de los programas eran muy básicas.

¿De dónde te sale la inspiración para crear?

A mí siempre me ha encantado el cómic español, Ibáñez sobre todo. Tengo un personajillo que se llama Bicho. Hacía parodia de otros personajes, recuerdo *Toy Story*... Aquí tendemos mucho a hacer parodias, especialmente de superhéroes; el personaje de Superlópez en el fondo, es una parodia de *Superman*. Con Tadeo Jones, lo que hice era una parodia de Indiana Jones, es la parodia del aventurero.

---

1. Responde a estas preguntas.

   a. ¿Por qué estudió Ingeniería Informática?

   b. ¿Dónde empezó a trabajar en el cine de animación?

   c. ¿Qué le aportan los premios?

   d. ¿Qué diferencia hay entre la animación europea y la americana?

2. Busca en la entrevista las siguientes expresiones y escribe su significado. Luego, ¿puedes escribir una frase con cada una aplicada a ti mismo y a tu vida personal o profesional?

   a. ir con algo/alguien a cuestas

   b. tirar mucho algo

   c. un soplo de aire fresco

   d. ponerse los pelos de punta

   e. darse con un canto en los dientes

el cine y las tecnologías

¿Qué significa Tadeo Jones en tu trayectoria profesional?

Tadeo Jones es todo, es mi hijo literalmente. Siempre digo que tengo un hijo de verdad, de carne y hueso, y un hijo digital, que es Tadeo. Toda la vida he estado con él a cuestas. Tadeo nace en el año 2001, y desde entonces he ido haciendo prácticamente todos los años cosas con él. Primero pequeñas piezas de animación, luego un cortometraje, luego el primer largo, luego el segundo largo y ahora estamos arrancando con el tercero. Son ya 18 años con el personaje. ¡Es una vida!

¿Cómo se llega a exportar la película a más de 50 países?

Pues mira, la primera vez, como no teníamos ni la más remota idea de cómo iba a funcionar, fue algo como muy sorprendente en algún sentido. Se estrenó en 2012 y nosotros ya llevábamos mucho tiempo con el personaje, pero para la gente fue como un soplo de aire fresco. Era una película de animación de aventuras, hecha en España y eso no existía. Y la acogida fue tan, tan enorme, que yo recuerdo que no tuvimos capacidad de entender lo que estaba pasando hasta meses después.

Habéis sido pioneros de alguna manera en el mundo de la animación en España, ¿no?

Nosotros hemos sido una continuación. *Tadeo* es lo que ha resonado mucho en la nueva era de la animación digital. En España no había habido un caso de tanto éxito nunca hasta que llegó *Tadeo*. Pero hay mucha animación hecha en España anteriormente. España ha desarrollado la primera película europea de animación en 2D, y también la primera película de animación en 3D, que fue *El bosque animado*.

¿La animación está en un buen momento entonces?

Sí. Con la nominación al Óscar por *Klaus*, ha sido increíble. Hay compañeros que también han estado con nosotros, y no somos tantos en la profesión. Se nos pusieron los pelos de punta porque nadie se lo esperaba, fue un alegrón.

Y los premios, ¿qué aportan?

Los premios son una cosa complicada. A veces cuesta diferenciar si es solo mérito de la película o es algo más. Lo más importante es que son el reconocimiento de la industria y tener a toda la gente de tu profesión que está reforzando lo que haces, es «lo has hecho bien, tío». Ese es el mensaje. Pero, además, dan mucha visibilidad en cuanto a la imagen, al *marketing*. Para mí, son una pieza de *marketing* más que otra cosa.

¿Qué diferencia hay entre las grandes productoras americanas y las europeas?

Lo principal siempre son los medios económicos. Para que te hagas una idea, una película media americana de estudio grande como Disney Pixar ya no baja de 150 millones de dólares. Aquí las hacemos por la décima parte o menos y nos damos con un canto en los dientes. La virtud que hemos desarrollado aquí en España consiste en hacer que casi no se note la diferencia.

> « *Los premios son una cosa muy complicada. A veces cuesta diferenciar si es solo mérito de la película o es algo más* »

---

3. Completa (sin mirar el texto) con la forma del verbo correcta.

Yo, desde muy pequeñito, _____ (tener) siempre como una doble vocación. Me ha tirado mucho el arte, pero en mi familia nadie se dedica a esto. Por otra parte, siempre _____ (atraer) un montón la tecnología. Son dos partes que no puedo separar de mí, la tecnología y el arte. Y _____ (decidir) que podía hacer Ingeniería Informática. Fue curiosamente en los años de la carrera donde _____ (encontrar) una asociación dentro de la facultad que _____ (dedicarse) a una cosa nueva, que era hacer arte por ordenador, algo que no _____ (inventarse) todavía. ¡Entonces pensé que _____ (ser) maravilloso! _____ (encontrar) algo que juntaba las dos cosas.

el cine y el humor

PERFECTOS DESCONOCIDOS

ALICIA BORRACHERO · ANTONIO PAGUDO · OLIVIA MOLINA · FERNANDO SOTO · ELENA BALLESTEROS · JAIME ZATARAIN · ISMAEL FRITSCHI

---

1. El cine y el teatro han ido de la mano en numerosas ocasiones. Este es un ejemplo de ello. Lee la sinopsis y completa la ficha técnica con los datos que faltan.

2. Responde a estas preguntas.

1. ¿Cuál es el título de la película original?
2. ¿Quién hizo la versión española de la película?
3. ¿A qué tipo de género de teatro corresponde?

3. Lee el resumen del argumento y complétalo con estas frases.

se conocen de toda la vida – atender públicamente las llamadas – los mensajes recibidos en los móviles pondrá sobre la mesa sus peores secretos

En una cena entre tres matrimonios y un amigo sin pareja que _____ se propone un juego que _____: leer en voz alta _____ y _____ a sus móviles durante la cena.

FICHA TÉCNICA

PERFECTOS DESCONOCIDOS

Autor: _____
Versión: David Serrano y Daniel Guzmán
Escenografía y vestuario: Silvia de Marta
Diseño de luces: José Manuel Guerra
Productor ejecutivo: Jesús Cimarro
Productores: Jesús Cimarro, David Serrano, Daniel Guzmán, Luis Scalella y Guillermo Francella
Una producción de: Pentación, Milonga y El Niño
Dirección: _____

Elenco: _____

Sinopsis

Daniel Guzmán se encarga de dirigir esta adaptación de la película italiana *Perfetti sconosciuti*, de Paolo Genovese (2016), autor del guion original, y de la que Álex de la Iglesia realizó el exitoso remake *Perfectos desconocidos*. La pieza teatral, una comedia original y sorprendente, está protagonizada por Alicia Borrachero, Antonio Pagudo, Olivia Molina, Fernando Soto, Elena Ballesteros, Jaime Zataraín e Ismael Fristchi. Daniel Guzmán afirma: «Más allá del contenido narrativo y del sentido del humor, esta obra cuestiona nuestra conducta y nos invita a la reflexión: ¿Debemos compartir todos nuestros secretos? ¿Hasta dónde llega el límite de nuestra intimidad? ¿Las nuevas tecnologías nos ayudan o ejercen un control sobre nuestra vida?».

© Grupo Pentación

4. Lee estos comentarios de David Serrano, el encargado de redactar el guion de la versión teatral y responde.

«La adaptación de una película como ésta, en la que hay mucho en juego en los primeros planos y en miradas que pueden perderse en el teatro, ha sido complejo y estimulante, y contar con la colaboración para ello de Daniel ha sido fundamental. Hemos querido potenciar el humor y profundizar en las relaciones entre los personajes».

**¿Qué ha sido complejo y estimulante?
¿Qué han querido potenciar?**

5. Cuenta tu experiencia. ¿Qué prefieres el cine o el teatro? ¿por qué? Dicen que el teatro es una experiencia más auténtica que el cine, porque es en directo, puedes sentir a los actores en escena y es menos artificiosa que el cine. ¿Estás de acuerdo con esta afirmación? ¿Por qué?

La comedia y el éxito de los *remakes*

La comedia actual del cine español fundamenta sus guiones en títulos franceses, italianos o latinoamericanos. Es decir, son *remakes*. Tanto Atresmedia Cine como Telecinco Cinema, las dos grandes empresas productoras españolas, y ambas dependientes de cadenas de televisión, tienen claro que ese es el camino que hay que seguir. Para Mercedes Gamero, directora general de Atresmedia Cine, este fenómeno se basa en la seguridad: «Desarrollan conceptos universales previamente testados, con sentimientos con los que la gente empatiza. Vas sobre seguro, por decirlo de alguna manera». Aunque avisa: «No todas estas adaptaciones tienen el mismo éxito en todos los sitios».

¿Cómo se ha llegado a esta ola de adaptaciones? Gamero cree que el espectador español estaba cansado de «las comedias basadas en el choque cultural, tanto con otras nacionalidades como con otras comunidades autónomas». Ese subgénero de confrontación surgió con la francesa *Bienvenidos al Norte* (2008), de Dany Boon, película con un buen guion y un gran reparto de actores. Este film tuvo versiones italianas, grecoalemana e incluso una variación, *Mi familia del Norte*. Por ahí vinieron *Ocho apellidos vascos* y *Ocho apellidos catalanes*, que son comedias ágiles, sorprendentes y muy divertidas, y la serie de televisión *Allí abajo*.

Desde las dos empresas productoras insisten en que a esos guiones hay que darles varias vueltas, acercarlos al público nacional. Según Gamero, «debes reescribir añadiendo los localismos», y recuerda otra película de Santiago Segura, *Sin rodeos* (2018), basada en una comedia chilena y protagonizada por una mujer que, harta de que todo el mundo la mande, decide un día decir todo lo que se le pasa por la cabeza: «La adaptación española fue muy bien, superando los 4,5 millones de euros. En Argentina, no tanto». Se dice que: «Un *thriller* o un drama pueden cruzar fronteras sin problemas. En cambio, la comedia que funciona es la local; si quieres tener éxito, debes hacerla geográficamente propia».

Las dos películas que abrieron las puertas a esta oleada fueron *Kiki, el amor se hace* (2016), de Paco León, que llevó a su terreno la mucho más negra y descorazonadora *The Little Death* (2014), del australiano Josh Lawson, y *Perfectos desconocidos* (2017), de Álex de la Iglesia, que superó los 20 millones de euros en

el cine y el humor

Si quieres escuchar una entrevista con Joaquín Oristrell, un gran guionista y director de comedias, accede a través del código de tu libro.

los cines españoles y que, incluso, ha provocado su adaptación teatral. Álvaro Augustín, el productor, recuerda cómo casi la ruedan antes que la original italiana, pues, cuando volvían de sus vacaciones, leyeron en el avión el guion: «La idea original era espectacular. Y nos dimos prisa en contactar y convencer a Álex, que supo alejar el guion de su posible teatralidad y acercarlo a una locura disparatada». Gamero apunta: «Si el concepto es bueno, no hay directores que tengan prejuicios con el *remake*».

1. Numera estas ideas en el orden en el que aparecen en el texto para crear un resumen.

- Las comedias presentan sentimientos y temas universales.
- Lo importante es la idea original y luego adaptarlo al país.
- Pero una comedia no tiene el mismo éxito comercial en todos los países.
- «Un *thriller* o un drama pueden cruzar fronteras sin problemas. En cambio, la comedia que funciona es la local; si quieres tener éxito, debes hacerla geográficamente propia».
- Actualmente, la mayoría de las comedias españolas se basa en nuevas versiones de comedias anteriores de otros países.
- En España, el público estaba cansado de las comedias basadas en el choque cultural.

2. Lee estas frases y marca si son verdaderas (V) o falsas (F). Luego, busca en el texto dónde está la información.

                                          V   F

a. Lo importante es encontrar una buena comedia original y ya está.

b. A los directores de cine, normalmente, no les gusta hacer *remakes*.

c. Es más difícil hacer un *remake* de un drama o de una película de suspense que de una comedia.

d. La mayoría de los guiones actuales de las comedias españolas no son originales.

e. Antes, las comedias españolas trataban de las diferencias culturales.

f. Los productores creen que la tendencia al *remake* va a terminar pronto.

Si quieres conocer a un gran director, Manuel Gutiérrez Aragón, accede a la entrevista que nos ha concedido a través de este enlace.

Los profesionales tras la cámara

Cuando vemos la lista casi interminable de nombres que aparecen en la pantalla tras la proyección de una película, nos damos cuenta de que rodar un filme es una actividad en la que se necesitan numerosos profesionales.

Todo arranca en una idea, en un guion. Tras el visto bueno del productor ejecutivo y bajo la supervisión de un director, empieza el trabajo de preproducción. Del buen quehacer en esta fase depende gran parte del éxito de la película. Aunque solo los actores y el director son los conocidos por el público, ellos no son más que la punta del iceberg, una minoría afortunada que encabeza un equipo técnico y artístico muy variado. Te presentamos algunos de los principales perfiles de la industria cinematográfica.

- **Productor.** El equipo de producción se encarga de todos los aspectos prácticos necesarios para hacer realidad una película. El productor ejecutivo consigue la financiación, supervisa el proyecto y, en ocasiones, contrata directamente al director o a los guionistas. El director de producción elabora y controla el presupuesto. El jefe de producción es una de las figuras más dinámicas, planifica el rodaje, subcontrata al equipo y, junto a sus ayudantes, lo consigue todo: permisos, vehículos, etc.

- **Guionista.** A grandes rasgos, un guionista es un escritor, pero no un escritor cualquiera. Además de las letras, debe dominar el lenguaje audiovisual.

- **Realizador.** O director, como se le suele llamar cuando realiza largometrajes de ficción. Es el responsable final de toda la parte creativa de la película, desde la interpretación de los actores hasta el montaje. En contra de lo que se suele pensar, muy pocos manejan directamente la cámara.

- **Localizador.** Busca y fotografía los lugares más indicados para rodar en exteriores, siguiendo las instrucciones del director: calles, playas, mansiones, etc. No basta con encontrar sitios bonitos; este perfil requiere conocimientos técnicos para valorar si una localización es adecuada para el uso de grúas, si los camiones de rodaje podrán acceder, si habrá suficiente luz, etc.

- **Director de fotografía.** Se ocupa de sacar el máximo provecho a la luz, tanto natural como artificial, para darle al filme la atmósfera y la estética que desea el director. En su mismo equipo están los técnicos de iluminación, que se ocupan del montaje y mantenimiento de los focos, el técnico de vídeo y los ayudantes de cámara.

Además de las profesiones específicas del cine, en un rodaje pueden tener cabida las profesiones más variopintas: adiestradores de mascotas, pilotos de helicóptero, maquetistas, etc. Y cuando termina el rodaje, empieza la posproducción: el montaje y los efectos digitales.

El montaje es el proceso que se utiliza para ordenar los planos y secuencias de una película, para poder verla tal y como quiere el director. La manera de colocar los diversos planos puede cambiar completamente el sentido, y por lo tanto el mensaje, de una película. El **montador** o **montadora** cambia secuencias, suprime lo que no gusta y añade o acorta el ritmo. ✤

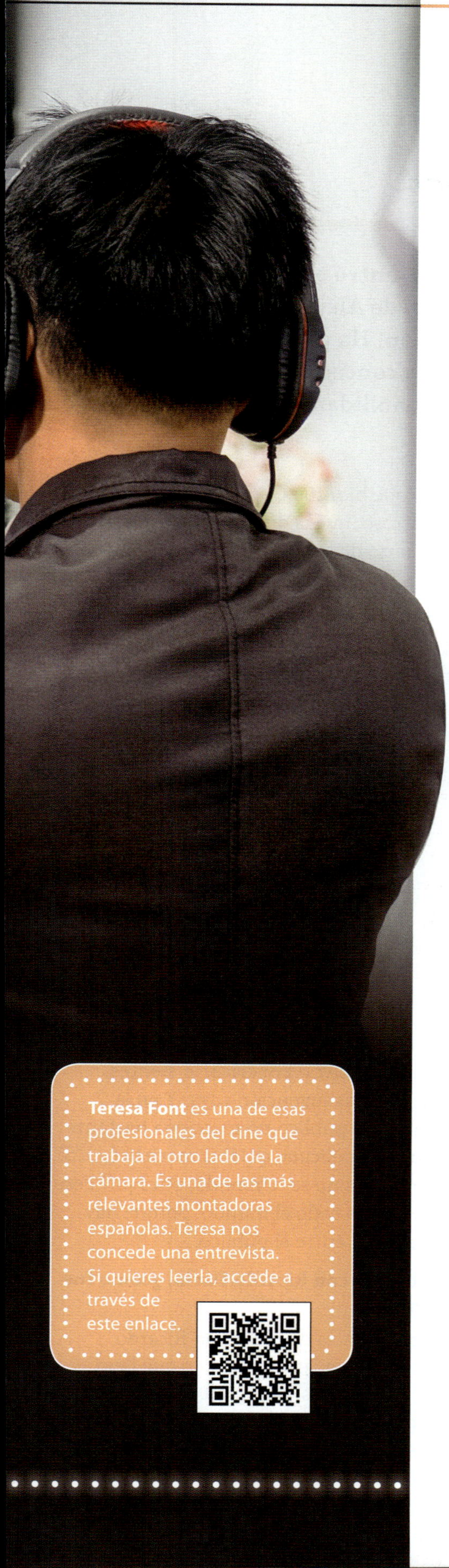

el cine y el humor

1. Completa el siguiente diagrama con los profesionales del cine.

2. Elige la opción que más se acerca al significado de la frase original.

1. Se necesitan numerosos profesionales para rodar un filme.
   a. Es necesario tener un número concreto de profesionales.
   b. Los profesionales del cine necesitan tener un número.
   c. Muchos profesionales participan en una película.

2. Aunque solo los actores y el director son los conocidos por el público, ellos no son más que la punta del iceberg.
   a. El director y los actores están en la parte de arriba de la lista de profesionales.
   b. El director y los actores son la parte visible de muchos profesionales del cine.
   c. El público no solo conoce al director y a los actores, sino también a los demás.

3. El equipo de producción se encarga de todos los aspectos prácticos necesarios para hacer realidad una película.
   a. El equipo de producción es responsable del trabajo técnico, no artístico, para hacer una película.
   b. El equipo de producción, en realidad, son los técnicos de una película.
   c. Una película, en realidad, es una labor técnica que hace el equipo de producción.

4. Además de las profesiones específicas del cine, en un rodaje pueden tener cabida las profesiones más variopintas.
   a. En una película, todos los profesionales tienen que hacer diversas funciones.
   b. Además de los profesionales propios del cine, en una película trabaja gente muy peculiar.
   c. Para hacer una película, además de los profesionales del cine, pueden trabajar otros tipos de profesionales.

Teresa Font es una de esas profesionales del cine que trabaja al otro lado de la cámara. Es una de las más relevantes montadoras españolas. Teresa nos concede una entrevista. Si quieres leerla, accede a través de este enlace.

ENTREVISTA

Belén Rueda

Es una actriz española. Estudió Arquitectura. Después, entró en la televisión y, en 2004, tras 10 años en este medio, rodó *Mar adentro*, de Alejandro Amenábar, filme con el que ganó el Goya a la mejor actriz revelación. Ha protagonizado películas como *El orfanato* o *Los ojos de Julia*. Belén nos concede esta entrevista por teléfono y le damos las gracias por ello y por su amabilidad.

Una futura arquitecta pasó a la televisión. ¿Cómo ocurrió eso?

Bueno, la verdad es que, dicho así, suena un poco raro, pero me gustaba mucho la arquitectura. Estudié pensando que iba a ser mi carrera, pero en el comienzo de la universidad, después del segundo año, me fui a vivir a Italia, cosas que se hacen a los 20 años, y entonces se paró todo. Es que mi sueño siempre había sido ser actriz. Era una ilusión que yo tenía. Y en un momento de mi vida dije, pues sí, todo es posible.

Dicen que la gente no cambia. Yo era muy tímida. Sin embargo, soy actriz. Pensaba que había que tener conexión para conseguir cosas y no es así. Y, sobre todo, si tienes ilusión por conseguir algo, inténtalo: no decir «esto no lo voy a poder hacer».

Luego, ¿cómo fue tu salto al cine?

Ha sido atípica mi evolución, porque yo empecé con un programa en televisión con Emilio Aragón. Después pasé a ficción de televisión con la serie *Periodistas*, que fue la primera serie que hice. Y después me ofrecieron hacer cine y mi primera película fue con Amenábar con 40 años y cuando yo ya no pensaba que iba a poder trabajar en el cine. Antes, los actores de televisión no pasaban al cine (...). Y después de *Mar adentro*, lo siguiente que hice fue *Closer* en el teatro con Mariano Barroso, que la dirigió él. Parece que ha sido al contrario de lo que tendría que ser.

¿Dónde te sientes más cómoda, haciendo comedia o drama?

Pues *Perfectos desconocidos*, dentro de las películas que he hecho, era mi segunda comedia. Y he de confesarte que tenía mucho más miedo que cuando afronté *El orfanato* o alguna película de género *thriller* o de miedo. La comedia es complicada, porque tiene un ritmo, si el director no impone ese ritmo, la comedia no funciona. Y luego, es muy curioso, cuando se estrena la película, tú estás sintiendo al público en las butacas. Si tú haces drama o haces *thriller* o policiaca, lo sientes, pero puede ser más invención tuya. Y en la comedia, no. Si el público no reacciona bastante al principio de la película, quieres morirte (...). Si a los diez minutos no se han reído, pues ¡uf! Pero si entran, ya entra todo el mundo, porque hay una gran empatía entre el público.

Tú has trabajado con Ricardo Darín, ¿cómo fue la experiencia?

Pues la experiencia de rodar con Ricardo Darín es toda una enseñanza desde que llega al rodaje, a los ensayos, hasta que se va, y con la grandísima suerte y grandeza de que no es

el cine y el humor

> « *En la vida real también pasa. Uno es quien es, pero tiene sus luces y sus sombras...* »

su intención. Es generoso, alegre, optimista, categórico cuando lo tiene que ser, es muy trabajador. Ricardo crea muy buen ambiente, el director y los primeros actores marcan un poco como se va a sentir el equipo, y si el equipo se siente bien, da lo mejor.

¿Cómo te sentiste interpretando *Perfectos desconocidos*? Estar en escena al mismo tiempo siete personajes, ¿cómo se logró?

Pues *Perfectos desconocidos* son dos meses en el mismo sitio, vistiéndote igual, comiendo lo mismo, haciendo prácticamente lo mismo, porque todo transcurre en una noche. La situación casi no cambia. Álex de la Iglesia quería filmar una película todo el tiempo en el mismo escenario (...). Se planteó captar la reacción de todos en cada cosa que se decía, ya nos dijo que muchas veces le interesaba más la reacción de los demás que la del que está hablando, y es verdad, porque, como es una historia donde todo se esconde, es interesante ver la reacción de los demás para ver quién esconde más y de qué manera: si a uno le produce terror, si a otro le hace gracia... Llegamos a hacer 140 tomas de los planos de alguna secuencia, algún plano de dos, luego uno individual, otro individual...

¿Qué grado de importancia le das al guion que te ofrecen?

Yo hay una cosa que hago que a veces no se hace. Primero, me llevo fenomenal con mi representante, es mi amigo y él sabe que todo lo que le llega me tiene que llegar a mí, porque a veces los representantes te paran guiones. A mí me gusta leerme todo. ¡He aprendido tanto leyendo guiones!, he aprendido que hay ideas buenísimas mal desarrolladas, hay desarrollos buenísimos, hay finales maravillosos, otros con principios fantásticos que pinchan al final... Me llegan muchos primeros guiones y eso me gusta. Pero a la hora de elegir, a veces es la intuición y otras veces son esos guiones que no te puedes levantar hasta que no te los acabas, esos son los buenos.

¿Te gustan los personajes ambiguos?

En la vida real también pasa. Uno es quien es, con sus luces y sus sombras..., pero no se lo vas contando a todo el mundo. Cuando cuentas la historia de una persona, tú estás contando algo muy intenso, estás empujando el tiempo y las emociones. Me gustan los personajes que, aunque tengan muy claro hacia dónde quieren ir, tengan sus momentos de duda. Me gusta bajar el personaje a la tierra. ❖

---

1. Responde a las siguientes preguntas:

   a. ¿Por qué considera Belén que su carrera fue atípica?
   b. ¿En qué ve diferencias entre la comedia y el *thriller*? ¿Cuál le parece más difícil de interpretar?
   c. ¿Cómo describe a Ricardo Darín? ¿Qué adjetivos usa?
   d. Lo positivo y lo complejo de rodar *Perfectos desconocidos*.
   e. ¿Qué interpretación le das tú a la frase «Me gusta bajar el personaje a la tierra»?

2. Escribe cuatro frases que te hayan impactado de lo que dice Belén.

3. Describe a Belén Rueda por lo que has leído en esta entrevista.

el cine y la novela negra

EL SECRETO DE SUS OJOS

¿Sabías que…?

En Argentina se estrenó el 13 de agosto de 2009 y, en menos de un mes, superó el millón de espectadores. En noviembre del mismo año, superó los 2 320 000 espectadores, convirtiéndose en la película argentina más taquillera de los últimos 34 años.

1. Observa el cartel de la película y la ficha técnica y responde a las preguntas.

a. ¿Quién es el director de la película?

b. ¿Qué otra película ha dirigido?

c. ¿Qué tipo de película crees que es: comedia, drama, histórica, romántica, de misterio, de intriga, de suspense, etc.? Escríbelo en la ficha técnica.

d. ¿Quién es la actriz protagonista?

e. ¿Qué dos premios ha recibido la película?

f. ¿Quiénes han escrito el guion?

g. ¿Quién es el actor principal? Escríbelo en la ficha técnica.

h. ¿Qué quiere decir que es la película más taquillera de los últimos 34 años en Argentina?

FICHA TÉCNICA

EL SECRETO DE SUS OJOS

Año: 2009
Duración: 129 minutos
País: 🇦🇷
Dirección: Juan José Campanella

Guion: Juan José Campanella y Eduardo Sacheri (basado en la novela *La pregunta de sus ojos*, de Eduardo Sacheri)
Música: Federico Jusid y Emilio Kauderer
Reparto: _____, Soledad Villamil, Guillermo Francella, Pablo Rago y otros
Productora: Coproducción Argentina-España
Género: _____

Premios:

- Óscar 2009 a la mejor película de habla no inglesa.
- Dos premios Goya 2009, a la mejor actriz revelación (Soledad Villamil) y a la mejor película extranjera de habla hispana.
- Nueve nominaciones a los Premios Goya 2009.
- Nominada a los Premios Bafta 2010 a la mejor película de habla no inglesa.
- Nominada a los Premios del Cine Europeo 2010 a la mejor película.

Sinopsis

La acción transcurre en Argentina y, principalmente, en su capital, Buenos Aires. Un oficial de un juzgado penal recién jubilado, Benjamín Espósito (Ricardo Darín), no consigue olvidar un crimen de hace veinticinco años y regresa porque quiere escribir una novela basada en lo vivido: la historia de un asesinato, la búsqueda y el hallazgo del culpable. Aunque el criminal fue juzgado y, después, indultado, desapareció inexplicablemente sin dejar rastro.

Benjamín Expósito recuerda, en un *flashback*, el año 1974: una mujer joven, Liliana Colotto, recién casada, fue brutalmente violada y golpeada hasta la muerte en su propio domicilio. A partir de la investigación de Benjamín y su asistente, Pablo Sandoval (Guillermo Francella), con la colaboración de la secretaria del Juzgado, Irene Menéndez-Hastings (Soledad Villamil), consigue saber quién es el asesino, un compañero de la infancia de Liliana, y detenerlo. El marido de la víctima, Ricardo Morales (Pablo Rago), está roto de dolor, pero encuentra un punto de alivio al saber que la condena a la que se enfrentará el asesino es la cadena perpetua, pues le desea una larga vida «llena de nada». Sin embargo, los padecimientos de Ricardo Morales solo han comenzado, pues, a causa de corruptelas políticas, Isidoro Gómez (Javier Godino), el autor del crimen es indultado y puesto en libertad sin cumplir su condena.

2. Completa las frases siguientes y ordénalas según aparezcan en la sinopsis.

a. La acción transcurre en _____
b. Recordando los hechos cientos de veces, Benjamín Expósito consigue _____
c. Benjamín Expósito recuerda, en un *flashback*, el año 1974 _____
d. El marido de la víctima, Ricardo Morales, le dice a Benjamín que _____
e. Isidoro Gómez, el autor del crimen es _____

El cine negro

Generalmente, las películas de cine negro se ambientan en lugares bastante oscuros y algo tétricos en los que suceden hechos delictivos y criminales. Se describe la escena con una iluminación tenebrosa en claroscuro, decorados nocturnos con humedad en el ambiente y se juega con el uso de sombras para reflejar la psicología de los personajes. Sin embargo, a veces, la personalidad del protagonista y sus motivaciones son difíciles de establecer. Las fronteras entre buenos y malos se difuminan y el héroe acostumbra a ser un antihéroe amenazado por un pasado oscuro. Otro punto característico del cine negro es la presencia de la *femme fatale*, la mujer fatal que, aparentemente inofensiva, puede conducir a sus víctimas al peligro o a la muerte.

La conexión entre el cine negro y la novela negra es muy importante en la historia del cine. La novela negra ha sido fuente de inspiración para muchos cineastas desde los orígenes del *film noir* (cine negro) en la década de 1940. Todos recordamos *Diez negritos*, novela de Agatha Christie que ha sido llevada a la gran pantalla al menos en una decena de ocasiones. La más conocida es, tal vez, la adaptación de René Clair en 1945. En la novela negra abundan los ambientes turbios y los personajes de moral dudosa. En ella, muchas veces, ni los buenos son tan buenos ni los malos son tan malos. Además, en ocasiones, la novela negra incluye también cierto componente de crítica social. Los bajos fondos y la corrupción son elementos habituales de este tipo de novela. Podría decirse que, en este género literario, a diferencia del género policial, la resolución del crimen no es tan fundamental como el hecho de mostrar el lado más oscuro de las relaciones humanas.

En resumen, se podría definir la novela negra como un tipo de literatura parecida a la novela policiaca, pero con importantes diferencias respecto a esta. Como diría Andreu Martín*, «la novela negra es más un análisis realista de la sociedad que una suma de enigmas. El crimen es una simple anécdota». ❖

*Andreu Martín i Farrero es un novelista y guionista de cómic y de cine español, especializado en novela negra y novela infantil y juvenil.

el cine y la novela negra

1. Encuentra el intruso de cada línea.

   a. Un hecho… criminal, ilegal, delictivo, de terror.
   b. Un protagonista… de moral dudosa, de carácter resolutivo, heroico, de ética irreprochable.
   c. Un ambiente… turbio, agradable, siniestro, tétrico.
   d. Una novela… policiaca, negra, rosa, de intriga.
   e. Un detective… arriesgado, atrevido, cobarde, valiente.

2. En el texto, para describir el cine negro y su ambientación, se utilizan siete palabras similares a *negro*. Encuéntralas.

_____   _____   _____
_____   _____   _____
_____

3. Relaciona las palabras con su significado.

1. Títulos de crédito
2. *Thriller*
3. Desenlace
4. Clímax
5. Ambiente

a. Es el momento final de un film, en el que se resuelve el relato, feliz, trágicamente o con final abierto a varias posibilidades.
b. En cine, el momento culminante de una secuencia.
c. Se denomina así al espacio de influencia de una película, al lugar favorable o adverso que se pretende crear en determinadas escenas.
d. Género cinematográfico o literario que persigue despertar la emoción, la intriga, la tensión y el suspense a partir de la narración de algún hecho criminal o judicial.
e. Son los rótulos que aparecen al principio y al final de la película: título, nombres de los actores y otros profesionales que han trabajado, y otras informaciones interesantes sobre el film.

4. Completa el siguiente diagrama.

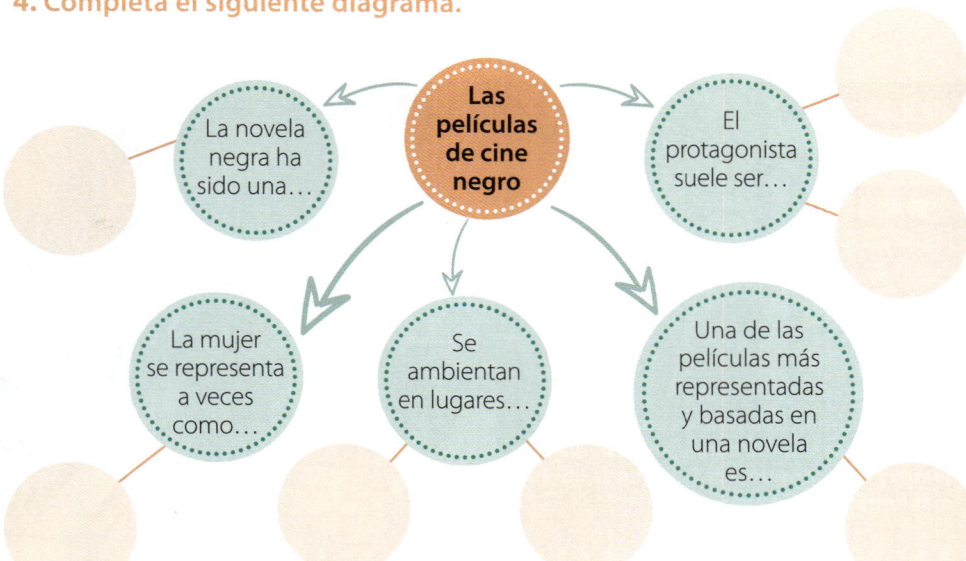

57

El cine argentino, mucho más que cine negro

El cine argentino es uno de los principales exponentes de la cultura argentina debido a su gran renombre internacional.

Las dos películas latinoamericanas premiadas hasta la fecha con un Óscar a la mejor película extranjera son argentinas: *La historia oficial* (en 1986) y *El secreto de sus ojos* (en 2010). Además, directores, guionistas y músicos argentinos han sido galardonados también con el Óscar en sus respectivas categorías. El cine argentino ha recibido muchos otros premios internacionales, especialmente en los Premios Goya, en España, y en el Festival de Cine de Berlín, en Alemania.

La etapa clásica del cine argentino tuvo su origen con las primeras películas sonoras surgidas en la década de 1930. Fue marcada por comedias y dramas musicales con estrellas de proyección internacional como Carlos Gardel. A mediados de la década de 1940, la producción local entró en un largo periodo de crisis debido a la competencia de la industria cinematográfica americana y mexicana. Sin embargo, películas como *Dios se lo pague* (1948) y *La casa del ángel* (1957) tuvieron excelente repercusión.

La década de 1960 marcó una nueva etapa de creatividad y prestigio, con la producción de películas experimentales y de los primeros documentales.

Merece mención especial el drama *Crónica de un niño solo* (1965), de Leonardo Favio, considerada la mejor película de la historia del cine argentino.

Con el fin de la dictadura militar en 1984, el periodo recién terminado se convirtió en un tema predominante en muchas producciones, como en el caso del premiado film *La historia oficial* (1985). Algunos de los actores más importantes de la época fueron Federico Luppi, Norma Aleandro y Héctor Alterio.

La década de 1990 señaló la aparición del nuevo cine argentino, renovado y enriquecido a partir de diversas coproducciones con otros países, especialmente con España. Algunas de las mejores películas desde entonces fueron *Caballos salvajes* (1995), *Martín (Hache)* (1997), *Pizza, birra, faso* (1998), *Nueve reinas* (2000), *El hijo de la novia* (2001), *Luna de Avellaneda* (2004), *Tiempo de valientes* (2005), *El secreto de sus ojos* (2009), *Relatos salvajes* (2014) y *El clan* (2015), entre otras.

Ricardo Darín es sin duda el actor más demandado de su generación. Destacan también grandes actores como Leonardo Sbaraglia, Diego Peretti, Darío Grandinetti o Cecilia Roth.

El Ateneo Grand Splendid es una librería en Buenos Aires situada donde antes había un teatro y está considerada la segunda librería más hermosa del mundo.

el cine y la novela negra

1. Busca en el texto a qué películas corresponde estas informaciones.

   a. Este drama está considerado como una de las mejores películas del cine argentino.

   b. Trata de la dictadura militar argentina.

   c. A pesar de la competencia americana y mexicana, esta película, rodada en 1957, tuvo una gran repercusión.

   d. Entre las producciones del nuevo cine argentino, destaca esta película rodada en 2014.

2. Numera, por orden cronológico, los siguientes títulos de películas.

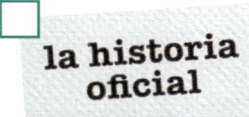

☐ EL HIJO DE LA NOVIA

3. Responde a las preguntas.

   a. ¿Cuál de ellas es considerada como la mejor película del cine argentino?

   b. ¿Qué película fue galardona con un Óscar?

4. Relaciona los tipos de películas con su descripción.

documentales **1.**	**a.** Después del cine mudo (sin sonido) llegaron las películas con diálogos.
comedias **2.**	**b.** Películas de final triste con música y canciones.
dramas **3.**	**c.** Películas cuya temática o su forma son diferentes a lo usual y, normalmente, no muy comerciales, para un publico concreto.
dramas musicales **4.**	
películas experimentales **5.**	**d.** Películas con final feliz.
	e. Películas con final triste.
películas sonoras **6.**	**f.** Filmes no de ficción, sino que pretenden presentar una información real.

¿Sabías que…?

Argentina es el país de Latinoamérica con más salas por habitante, muchas de las cuales se utilizan para difundir la producción local, que a su vez goza de amplio apoyo estatal. Los principales festivales de cine son el Festival Internacional de Cine de Mar del Plata y el Buenos Aires Festival Internacional de Cine Independiente («BAFICI»).

ENTREVISTA

Ricardo Darín

Es el actor argentino más premiado. Entre otros ha recibido cuatros premios Goya. Ha protagonizado tres películas nominadas al Óscar. Ricardo Darín nos recibe en su camerino del Teatro Tívoli de Barcelona. Su atención y amabilidad son exquisitas y se lo agradecemos. Nos sentimos cómodas hablando con este gran actor.

¿Cómo ha influido en tu carrera profesional el hecho de que tus padres fueran actores?

Totalmente, porque, al haber sido criado en un ambiente donde uno ve el hacer de sus mayores, y sobre todo cuando uno ve el amor con el que ellos lo hacían, y también el hecho de haberme contactado desde tan temprana edad no solo con ellos sino con sus amigos, el resto de los actores, y crecer entre ellos, sin ningún lugar a dudas eso fue una influencia. Después, por supuesto, uno tiene opciones y puede escoger, en el mejor de los casos, pero en este caso sí. Yo tuve opciones, pero siempre me tiró muchísimo el arte escénico. Es algo que se me dio con naturalidad, y mi madre creo que fue de los dos la que más me acompañó. Mi padre no se metía mucho en eso, ni siquiera era de dar opiniones o calificaciones. Él era muy de no meterse ni siquiera en la vida de sus hijos.

Tu naturalidad a la hora de actuar nos admira a todos. ¿Cómo lo logras? ¿Cuál es el secreto, eso de que no eres un actor marioneta, sino de que actúas con naturalidad?

A mí no me gusta cuando se nota la actuación, es decir, cuando se ve el artificio, la maniobra, la técnica, a pesar de que hay algunos que son muy buenos con su técnica y debo reconocer que, aun notándose la técnica, uno no puede más que sacarse el sombrero y decir: «¡Qué bárbaro!». Pero depende también de cada caso, de cada situación. Hay estructuras del arte escénico que permiten un poco más. El teatro es una de ellas. El teatro permite ver algún tipo de artilugio en la actuación y, aun así, disfrutarlo y subrayarlo. Pero en el cine o en televisión la cámara está tan cerca..., los primeros planos son muy crueles en ese sentido, se nota demasiado. Es que yo creo que no hay nada más, no hay una herramienta más importante para los actores que el pensamiento. Entonces, si uno tiene la posibilidad de tener acceso a ese pensamiento como espectador, lo disfruta sin darse cuenta, pero, cuando hay algo que está por delante, digamos que el camino se llena de obstáculos.

¿Cómo empezaste con el cine? Porque primero fue el teatro, luego el doblaje...

Hice muchas películas sin tener la menor idea de lo que estaba haciendo. Y, la verdad, mucho tiempo después, gracias a un amigo que me ofreció hacer su ópera prima y era una persona muy generosa, me invitó a pasar un poco del otro lado de la cámara y mostrarme las posibilidades y... Entonces... Para los actores es muy complejo trabajar en el cine, muy complejo, muy difícil, porque nadie nos explica cómo se aplicaría el método de actuación alineado con lo que se necesita para el cine. Ahora, recién ahora, hay escuelas que lo han incorporado, pero durante mucho tiempo, décadas, nadie explicaba eso. Entonces era una cuestión de previo error. Si uno tenía la suerte de tener un poco de frecuencia de trabajo, podía llegar a tener la

el cine y la novela negra

oportunidad de observar qué funciona más y qué funciona menos. La cámara es muy cruel, porque el primer plano es algo que es todavía más cercano de lo que estamos tú y yo. En este momento es como si yo estoy hablando contigo a esta distancia y acorto la distancia... El objeto se multiplica, se hace grandilocuente. Hay que tener mucho cuidado con eso.

> «A mí no me gusta cuando se nota la actuación, el artificio, la maniobra, la técnica...»

¿Ha evolucionado la profesión de actor desde que tú empezaste? ¿Qué ha cambiado?

En mi experiencia personal, yo siento que sí, que hay cosas que... hay cosas que he podido aprender, que he podido mejorar o incluso corregir. Cosas que tenía la impresión de que estaban bien hechas y, luego, con el tiempo, uno las ve y dice: «No, eso no estaba bien». Pero eso está enlazado con lo que ustedes decían: prueba y error, prueba y error. Me malacostumbré en cine, sobre todo por este mismo motivo, a hacer una evaluación de todo lo que hacía. Y uno aprende mucho ahí, porque son como ensayos. Y últimamente, desde que desapareció el celuloide en el cine y se utilizan las cámaras digitales, ahora se tiran muchas tomas de un mismo plano, entonces hay posibilidades de tomar como ensayo y de eso se aprende mucho.

¿Te ves reflejado en tu hijo en algún momento cuando él actúa?

No, somos totalmente distintos. Él ha hecho un camino muy propio, con herramientas muy propias. No ha dependido de mí ni de mi opinión para nada y lo está haciendo muy bien, a su manera. Y cuando miro para atrás y aun si intento, cosa que hago muy poco, comparar su actualidad con lo que era la actualidad a mi edad, me doy cuenta de que él está mucho más evolucionado que yo. Es mucho más inteligente, mucho más práctico, mucho más aplicado. Me siento muy orgulloso por cómo es él, no solo como actor, especialmente te diría como persona. Me enorgullece verlo funcionar como hombre.

¿Qué particularidades hay en tu oficio que no vemos a simple vista?

Hay muchas horas de trabajo detrás de, a lo mejor, quince segundos buenos en pantalla. Si calculamos que, para hacer una película, por ejemplo, que en promedio durará entre una hora y media o dos horas, se tardan tres, cuatro o cinco meses para hacerla, uno puede hacer un análisis más o menos aproximado de cuánto tiempo lleva hacer cada toma, cada plano, cada secuencia, cada escena. Entonces hay mucho trabajo detrás de todo eso y mucho sacrificio. Es un poco la ley de la compensación. ❖

---

1. Responde a las siguientes preguntas.

a. ¿Cómo crees que ve Darín la interdependencia que hay dentro de un equipo en el cine?

b. ¿Consideras que Darín solo interpreta personajes con los que se siente identificado?

c. Darin dijo una vez: «Una cosa que me pasa es que a mí la gente nunca me molestó». ¿Qué relación crees que tiene con su público, con la gente que se le acerca y le pide una foto o un autógrafo?

d. ¿Cuándo el Darín actor de teatro se hizo actor de cine y nació el gran actor al que elogió incluso Robert de Niro? ¿Qué le debió de suponer eso?

e. ¿Qué características posee Darín como actor?

f. Imagina que pudieras entrevistarlo, ¿qué le preguntarías?

el cine y los sentimientos

¿Sabías que…?

Lo que de verdad importa es una película 100% benéfica. En 2017, más de tres millones de espectadores la vieron y se recaudó un total de más de 12 millones de euros en todo el mundo, de ellos 2,7 solo en España. Todo el dinero se destinó íntegramente a la Fundación Aladina, que ayuda a niños y adolescentes enfermos de cáncer, presidida por Arango. En el resto de países, la recaudación se donó a entidades locales que atienden a niños enfermos o necesitados.

LO QUE DE VERDAD IMPORTA

1. A partir del cartel, ¿cómo te imaginas que son los protagonistas?

2. ¿A qué género de cine imaginas que pertenece esta película: comedia, drama…? En la ficha técnica lo definen como realismo mágico. ¿Qué tipo de película crees que es?

3. Observa la ficha técnica. ¿Quién es el director de la película? ¿Lo conoces? Busca información y destaca un rasgo de su carrera profesional.

FICHA TÉCNICA

LO QUE DE VERDAD IMPORTA

Año: 2017
Duración: 133 minutos
País: 🇪🇸 España
Dirección: Paco Arango
Guion: Paco Arango
Música: Nathan Wang

Reparto: Oliver Jackson-Cohen, Camilla Luddington y Jonathan Pryce
Productora: CALCON y ESP-62 Productions
Género: Realismo mágico

Premios:
- Número 1 en el *ranking* de visualizaciones de Netflix de Estados Unidos en junio de 2020.

Sinopsis

Alec es un ingeniero mecánico inglés incapaz de poner en orden su vida. Tiene una tienda de reparación de aparatos electrónicos, llamada *El curandero*. Cuando está a punto de cerrar la empresa, un familiar se ofrece a solucionar sus problemas económicos: pagará todas sus deudas y, a cambio, Alec se tendrá que ir a vivir a Nueva Escocia durante un año. Allí pone un anuncio para trabajar como electricista, pero algo sale mal en la impresión y el anuncio finalmente da a entender que Alec es una especie de sanador milagroso. Es entonces cuando descubre que tiene un *don* y que, a su alrededor, comienzan a suceder cosas increíbles. El protagonista se enfrenta a sí mismo, a su pasado, a su vida y, sobre todo, inspirará a las personas que le rodean a creer en algo más allá de lo que se puede explicar.

4. ¿A qué se ha destinado la recaudación de la película?

5. Lee la sinopsis. ¿Qué dato te parece más significativo para describir la película como dentro del realismo mágico?

6. Busca en la sinopsis las siguientes expresiones. ¿Qué significan? Cambia las frases con tus palabras.

    a. Poner en orden
    b. Estar a punto de…
    c. Algo sale mal
    d. Da a entender…
    e. Enfrentarse a sí mismo
    f. Más allá de lo que se puede explicar

El cine transmisor de emociones

Cada persona tiene su manera de ir a una sala de cine. Algunas personas llegan pronto y les gusta comprar algunos aperitivos para disfrutar mientras ven la película; otras prefieren llegar justo cuando se inicia la proyección. Solos o acompañados. Todos guardamos en la memoria títulos de películas, escenas o actores que, en algún momento, nos hicieron reír, llorar o soñar, pero todos queremos vivir una experiencia sensorial única donde el espectador se transporte a otros mundos.

Para Descartes existían seis pasiones primitivas: admiración, amor, odio, alegría, tristeza y deseo. Pero ¿cómo nos despierta el cine esas emociones?

En general, para que una persona pueda experimentar emociones, necesita un estímulo externo para desencadenar la respuesta emocional que, después, se transforma en un sentimiento. No tiene que ser necesariamente una buena película: a veces lo perfecto es el momento en que la descubrimos, al igual que ocurre con los libros. En ocasiones, podemos vernos reflejados en el personaje de la película y nos puede ayudar a ver un punto de vista diferente y, cuando eso ocurre, algo de la película queda unido inexplicablemente a nuestra historia.

El cine es, hoy en día, un fenómeno cultural indispensable en nuestra vida cotidiana, porque es parte de nuestro ocio. Como afirma el filósofo Julián Marías: «El cine nos descubre los rincones del mundo. Gracias a él, nos fijamos en los detalles: cómo la lluvia resbala por el cristal de una ventana, cómo un viejo limpia los cristales de sus gafas, cómo una pared blanca reverbera casi musicalmente, cómo es, de noche, el peldaño de una escalera (...); las mil maneras como puede abrirse una puerta, los incontables significados de una silla, lo que pueden decir los faroles».

Es una ventana abierta por donde vamos observando mil historias con multitud de personajes. En la sala del cine, uno puede fantasear con convertirse en superhéroe, astronauta o científico durante un rato. Hay, además, un tipo de películas que te hacen reflexionar y pensar, que te dejan con el corazón encogido o te transmiten un mensaje profundo, como la cinta de Paco Arango, *Lo que de verdad importa*. Algunas de las películas que te hacen sentir, por citar algunas, son: *Toy Story 3*, de Lee Unkrich, *Up*, de Pete Docter, *Mi vida sin mí*, de Isabel Coixet, *Cadena de favores*, de Mimi Leder, *Lo imposible*, de Juan Antonio Bayona, o *La vida es bella*, de Roberto Benigni.

No solo en la sala, también en casa, algo tan cotidiano como sentarnos en nuestro sillón favorito delante de una pantalla para disfrutar una buena película tiene como finalidad algo tan sencillo como hacernos felices.

el cine y los sentimientos

1. Responde a estas preguntas sobre el texto.

   a. ¿Cómo te gusta ir a una sala de cine? ¿Qué tipo de espectador eres?
   b. ¿Las películas o series te hacen sentirte bien?
   c. ¿Qué clase de películas son las que más te tocan el corazón?
   d. ¿Recuerdas alguna película que te haya impresionado de manera especial?
   e. ¿Alguna vez te has visto reflejado en algún personaje de una película?

2. Lee atentamente las siguientes metáforas y sustituye el verbo por otro.

   a. La lluvia resbala por el cristal de la ventana.
   b. La pared blanca reverbera casi musicalmente.

3. ¿Qué significado tienen las siguientes expresiones?

   a. Los incontables significados de una silla.
   b. Las mil maneras de abrirse una puerta.
   c. Lo que pueden decir los faroles.

4. ¿Has visto estas películas? Si no, busca información y responde. ¿Con qué sentimiento de las seis pasiones primitivas según Descartes relacionas cada una?

   a. *Toy Story 3*, de Lee Unkrich
   b. *Mi vida sin mí*, de Isabel Coixet
   c. *Cadena de favores*, de Mimi Leder
   d. *Lo imposible*, de Juan Antonio Bayona
   e. *La vida es bella*, de Roberto Benigni

El cine mexicano actual, un cine de éxito y calidad

En estos últimos años se ha podido comprobar el talento de grandes directoras y directores mexicanos que han subido el nivel de las proyecciones varios niveles.

En México se hace cine y es bueno. Algunos de estos cineastas han llegado a las alfombras de los grandes premios internacionales: Alfonso Cuarón, Alejandro G. Iñárritu y Guillermo del Toro son conocidos en su país como los tres compadres y han arrasado en festivales de cine de todo el mundo.

• **Alfonso Cuarón** es director, guionista, productor y fotógrafo. Ha hecho muchas películas, entre ellas *La princesita* (1995) o *Y tu mamá también* (2001), y grandes producciones como *Harry Potter y el prisionero de Azkaban* (2004). Su última película, *Roma* (2018), protagonizada por Marina de Tavira y Yalitza Aparicio, recibió diez nominaciones en los Óscar y consiguió cinco estatuillas: fotografía, sonido, guion, mejor dirección y mejor película extranjera. Se trata de un cine humanista, donde la amistad, la maternidad o las diferencias sociales son temas presentes en su filmografía.

• **Alejandro González Iñárritu** es productor y guionista, además de locutor y compositor mexicano. Ha ganado cinco premios Óscar. Es uno de los cineastas mexicanos más reconocidos en el panorama internacional, y cuenta historias conmovedoras sobre la condición humana. *Amores perros* (2000) fue su primera película, que se estrenó en el Festival de Cannes, y *Babel* obtuvo en 2006 el Globo de Oro a la mejor película dramática.

• **Guillermo del Toro** estrenó el *Laberinto del Fauno* en 2006, que supuso su consagración internacional. Director, guionista y productor, ganó un Óscar a la mejor película de habla no inglesa por la fantasía romántica *La forma del agua* (2017). Se caracteriza por dar a sus películas una estética espectacular, creando ambientes tétricos y agobiantes en situaciones mágicas y fantásticas.

Hay también un grupo de cineastas que cuentan historias sobre temas poco tratados en el cine mexicano. Son irreverentes en algunas ocasiones y rompieron los moldes enfrentándose a la sociedad y al sistema político, sin importarles los números en taquilla.

• **Lila Avilés** debutó en 2018 con *La camarista*, que fue internacionalmente aclamada. Se trata de un drama que cuenta la historia de Eve, una trabajadora de uno de los hoteles más lujosos de Ciudad de México. La cinta tuvo un gran éxito en festivales internacionales.

• **Luis Estrada** presenta una trilogía, desde la sátira y el humor negro,

Alfonso Cuarón   Guillermo del Toro

el cine y los sentimientos

1. Completa la siguiente tabla con las películas mexicanas de las que habla el texto. Busca en Internet la información que falta.

Película:	Roma	Director:	
Protagonistas:			
Descripción:			

Película:	Amores perros	Director:	
Protagonistas:			
Descripción:			

Película:	La forma del agua	Director:	
Protagonistas:			
Descripción:			

2. Con la información que puedes encontrar en el texto sobre cineastas mexicanos, completa el siguiente diagrama.

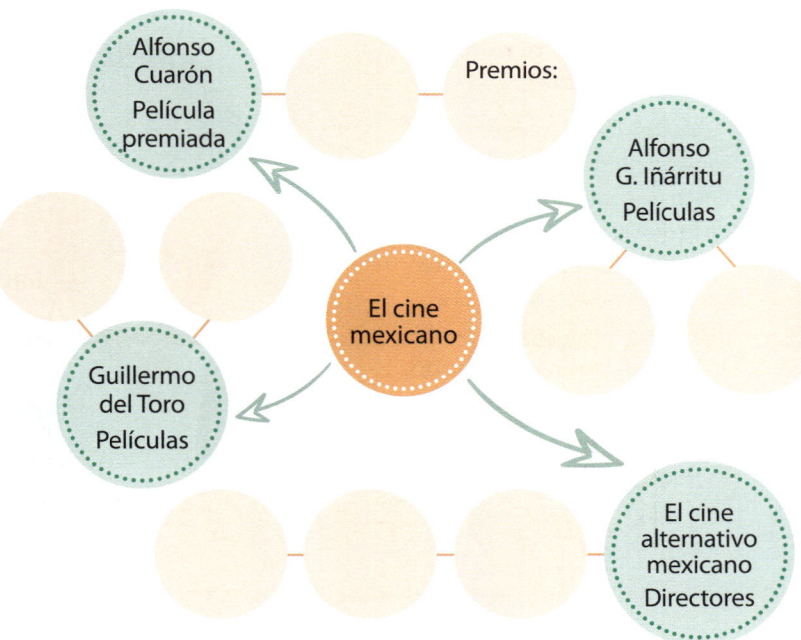

donde cuenta desde su punto de vista, la situación social que vive el país y el inmenso poder del narcotráfico: *La ley de Herodes* (1999), *El infierno* (2010) y *La dictadura perfecta* (2014).

• **Alejandro Lozano**, con la película de suspense *Matando cabos* (2004), y la comedia *Nosotros los nobles* (2013) del director **Gary Alazraki**, son también propuestas alternativas.

3. Identifica las películas del texto según el género:

a. Cine humanista:
b. Comedia:
c. Drama:
d. Cine fantástico:
e. Cine de humor satírico:
f. Cine de suspense:

ENTREVISTA

Paco Arango

Es un director, productor y guionista mexicano. Estudió cinematografía en Boston y Los Ángeles, y ha cosechado numerosos éxitos, entre ellos tres nominaciones a los Goya por *Maktub*, y su película *Lo que de verdad importa* arrasó en Netflix de Estados Unidos durante las dos semanas que se mantuvo en el número 1. Es presidente de la Fundación Aladina, que atiende a niños con cáncer. Paco nos contesta amablemente a nuestras preguntas por correo electrónico y le damos las gracias por ello y por su amabilidad.

¿Cuándo te diste cuenta de que querías dedicarte al cine?

Parece mentira, pero desde muy pequeño, aproximadamente a los siete años, mi sueño era ser director de cine. También es cierto (¡qué necedad!) que no me di cuenta de los quebraderos de cabeza que me iba a causar.

¿Cómo se gestó tu primera película, *Maktub*?

Maktub fue un proyecto muy especial porque lo provocó el deseo de contar que, en contra de lo que la gente piensa, un hospital oncológico puede ser un sitio lleno de aventuras e historias felices. Le pedí permiso a un adolescente que conocí, Antonio, que quería utilizarlo como inspiración para el personaje principal. Ambos pactamos que, si el resultado de la película era bueno, yo utilizaría el dinero para hacer el mejor centro de transplantes de médula ósea para niños y adolescentes de España. Antonio lamentablemente falleció inesperadamente, pero la buena noticia es que el Centro Maktub hoy existe en el Hospital Niño Jesús de Madrid.

¿Cómo eliges a los actores?

Intento buscar a los adecuados para el papel, pero que, a la vez, sean actores de relevancia, porque será fundamental para promocionar la película. He tenido mucha suerte en poder dirigir a grandes actores que son aún mejores personas.

¿Qué hay de ti en ellas?

Las vivencias de mi vida, sin duda, marcan en mis historias. Incluso aquello que yo no soy, pero

---

1. Termina las siguientes frases relacionándolas con la entrevista:

a. Mi primera película fue especial porque
b. Los actores deben ser adecuados para el papel y también
c. Para hacer los guiones, me inspiro en
d. Las películas de Paco Arango son especiales porque
e. Los premios para el director son
f. Para el director, la Fundación Aladina es
g. Detrás de los grandes actores hay también

68

el cine y los sentimientos

que percibo. Cuando hay algo triste, intento brindarle una conclusión que te permita verlo con algo de sol.

¿En qué te inspiras para hacer los guiones?

Soy muy niño a la hora de pensar en historias y me encantan la magia y las fábulas. Me inspiro en contar historias que lleguen al corazón, que entretengan y que, a la vez, te inspiren para pensar que puedes dejar el mundo un poco mejor de lo que lo encontraste.

¿Qué es lo que hace que tus películas sean tan especiales?

Me gusta pensar que sí son especiales, por eso te agradezco la pregunta. Creo que son honestas y que te permiten bajar el telón de acero que la vida, poco a poco, nos va poniendo al convertirnos en adultos. Te permites llorar, reír y a la vez sonreír sabiendo, además, que el dinero de tu taquilla va a ir para una buena causa.

Los premios son un reconocimiento de la profesión. ¿Qué significan para ti?

Los premios muchas veces son una especie de calmante, porque gran parte del tiempo, en esta difícil carrera, tienes ansiedad y padeces todo tipo de nerviosismo. Es muy bonito cuando se reconoce tu trabajo.

¿Qué te aporta la Fundación Aladina?

El cáncer infantil es como una especie de bomba que explota, no solo en el paciente, sino en toda la familia y su entorno. Aladina forma parte de ese núcleo familiar de una forma mágica. Estamos en todas las facetas de la batalla y nuestra relación con los pacientes y sus padres es de por vida. Las mejoras hospitalarias que hemos hecho han sido determinantes para el bienestar de muchísimos niños y adolescentes. Siempre digo que lo que más orgullo me trae es saber que el cáncer infantil le tiene mucho miedo a la Fundación Aladina por ser tan eficaz.

¿Qué hay de ti en la Fundación?

Es lo más importante en mi vida. Siempre digo que, si alguien me dice que tengo que escoger entre el cine y ella, el cine no existiría. Por ello, cada vez que hago una película, le brindo todos mis servicios y sus beneficios. Los niños con cáncer me han enseñado que la vida es un regalo y, si algún día me veis sonreír, quiero que sepáis que la adquirí en un hospital de pequeños guerreros, como les llamo yo.

¿Qué consejo le darías a los jóvenes que quieran dedicarse al cine?

Es una profesión muy difícil y tendrán que luchar por mantenerse en ella, pero si han tomado la decisión, que nunca desistan. Al igual, que indaguen en las numerosas profesiones que hay dentro de una película, porque detrás del actor famoso hay muchísimas personas igual de importantes.

Un sueño personal o profesional.

Que alguien ponga en el paro a la Fundación Aladina porque han encontrado una curación para el cáncer infantil.

> « Las vivencias de mi vida, sin duda, marcan en mis historias. Incluso aquello que no soy »

2. Busca estas frases en la entrevista. Luego, complétalas con datos de tu vida.

- a. Parece mentira, pero desde muy pequeño
- b. Le pedí permiso a
- c. He tenido mucha suerte en
- d. Cuando hay algo triste, intento
- e. Me inspiro en
- f. La relación con _____ es de por vida.

3. Si quieres conocer la Fundación Aladina, accede a su página web a través de este enlace. ▲

el cine y los cortometrajes
Gustavo Salmerón

¿Sabías que…?
El director ha tanteado la posibilidad de hacer un largometraje siguiendo la historia a partir del final del corto. De momento, el proyecto está guardado en un cajón. Su corto *Amar* sí se convirtió en largometraje unos años después.

---

1. Antes de leer el texto, observa el cartel del corto y responde a las preguntas.

   a. En el cartel vemos a una pareja. ¿Qué puedes deducir de ella a partir de la imagen?

   b. ¿Puedes imaginar algo sobre la temática del corto?

2. Después de leer la sinopsis, completa la ficha técnica con los datos que faltan.

3. Ordena los siguientes adjetivos para calificar el trabajo actoral del más positivo al más negativo, ¿puedes añadir dos positivos más y uno negativo?

magistral • magnífico • bueno • pésimo
desastroso • notable • solvente • correcto
impresionante • sólido

FICHA TÉCNICA

Año: 2011
Duración: 14 minutos
País: 🇪🇸 España
Dirección: Esteban Crespo
Guion:
Música: Juan de Dios Marfil
Reparto:
y Gustavo Salmerón
Productora: Producciones Africanauan S.L.
Género: Comedia-drama

Premios:
- Premio del Jurado en el Festival Internacional de Cine de Montreal en 2011.
- Nominado al Goya 2011 en la categoría de mejor cortometraje de ficción.

Sinopsis

Antonio llega a su casa con la intención de dejar a su mujer y a sus tres hijos, para darse una segunda oportunidad con sus sueños de juventud. Para su sorpresa, se encuentra con la aparente comprensión de su mujer. Pero uno de los dos se tiene que hacer cargo de los niños. Una batalla entre la libertad, las responsabilidades, los sueños rotos y el tiempo, que todo lo juzga.

La primera semana de estreno consiguió una recaudación de 1 977 994 de euros y superó los 250 000 espectadores. Además de la destacada nominación al Goya en su categoría, consiguió varios premios en los festivales a los que se presentó, donde también fue premiada Pilar Castro, la actriz protagonista.

Esteban Crespo es un guionista madrileño con una trayectoria bastante sólida. Inició su carrera como realizador de documentales y, con el tiempo, pasó a ser asesor de contenidos y analista de programas infantiles en TVE. Esto lo compaginaba con la realización de cortometrajes. Entre sus obras, encontramos trabajos como *Siempre quise trabajar en una fábrica*, *Amar*, *Fin* y *Lala*, nominado como mejor cortometraje de ficción en los Goya 2009. Acaban de estrenar la película *Black beach*.

4. Puedes ver el corto en este enlace. Luego, lee estas críticas e intenta redactar una.

a. *Si la peli es un corto, mi crítica debe ir con la esencia:*
- *Uno de los mejores cortos que he visto (por no decir el mejor).*
- *Humano y lleno de humor.*
- *Pilar Castro: magistral.*
- *Argumento: situación que nos encontramos asiduamente pero que jamás hubiéramos abordado de la manera que lo hace Esteban Crespo.*
- *Conclusión: si te gusta el mundo de los cortos, tienes que verlo YA.*

b. *Comedia que enmascara un juego psicológico de desamor dentro de la pareja. Sencillamente genial.*

5. ¿Cómo continuarías la historia de los protagonistas?

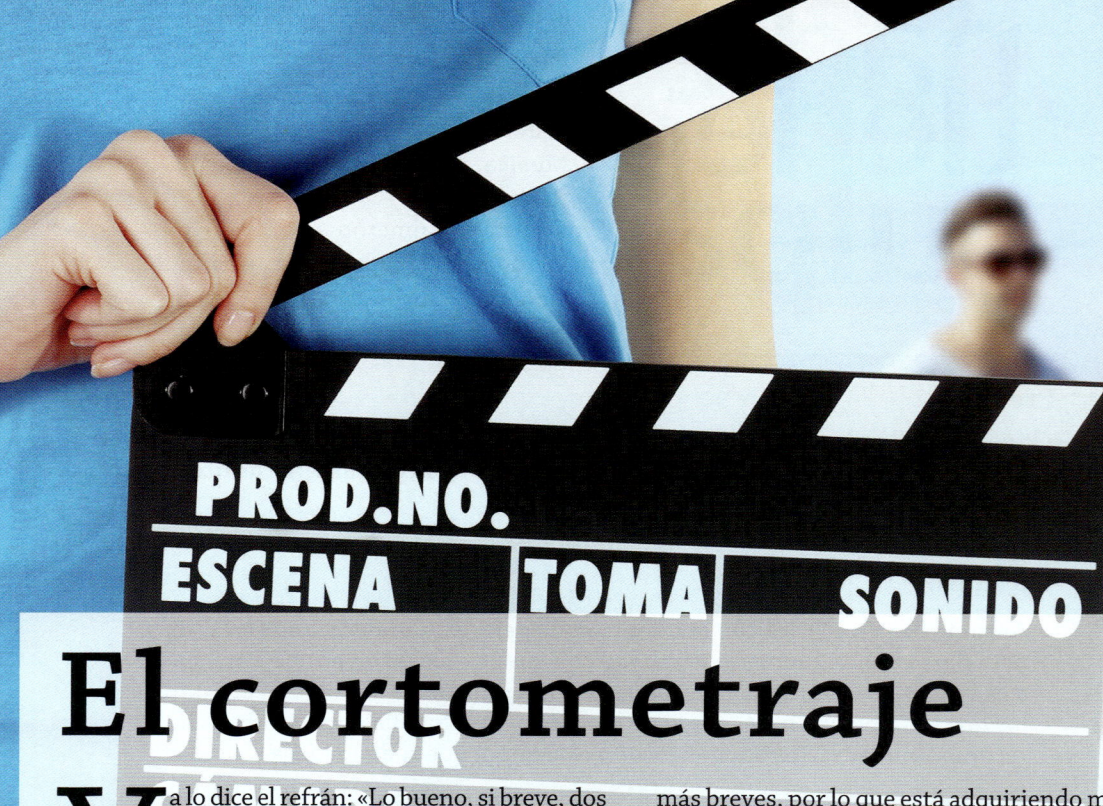

El cortometraje

Ya lo dice el refrán: «Lo bueno, si breve, dos veces bueno». Los cortometrajes o, coloquialmente, *los cortos*, son producciones cinematográficas de menos de 30 minutos. Los géneros de los cortometrajes abarcan los mismos tipos que los de las producciones de mayor duración, los largometrajes.

La realización de cortometrajes prolifera de forma eminentemente autodidacta, puesto que no es un género definido. Además, las nuevas tecnologías digitales han supuesto un abaratamiento y han posibilitado la producción de cortos a un gran número de jóvenes cineastas.

El corto permite a muchos directores, consolidados o nuevas voces, compartir historias donde la imaginación y la capacidad de síntesis son indispensables. Es un formato ideal para contar historias menos encorsetado que el largometraje. Y no solo un peldaño para llegar a la primera película. Por otro lado, los productos audiovisuales se están adaptando a los gustos de los espectadores, que demandan cada vez historias más breves, por lo que está adquiriendo más fuerza que nunca y cuenta cada día con más adeptos.

Muchos realizadores buscan, con los premios y la visibilidad obtenida por sus cortos, la financiación necesaria para algún largometraje, pero también hay directores que aprecian las posibilidades de este formato en sí mismo e incluso, como Rodrigo Sorogoyen, vuelven al corto después de triunfar con una película.

Los cortometrajes sufren la ausencia de un mercado definido para su difusión. Tienen una exhibición más alternativa, basada sobre todo en festivales y concursos. Sin embargo, en su paso por festivales internacionales, se proyectan en salas llenas de espectadores y disfrutan de una vida larga en su recorrido por estos eventos.

El corto español vive una edad dorada, y los datos demuestran que tiene una salud de hierro y un potencial enorme fuera de nuestras fronteras. Las producciones españolas triunfan en los festivales y acumulan premios internacionales. Juan Carlos Fresnadillo abrió camino en 1996 con *Esposados,* y,

el cine y los cortometrajes

¿Sabías que...?

Las producciones audiovisuales se suelen clasificar según su metraje:

- Cortometraje, hasta 30 minutos.
- Mediometraje, de 30 a 60 minutos.
- Largometraje, a partir de 60 minutos.

Pero cada país establece sus propias reglas. En España, se consideran cortometrajes las películas con una duración inferior a los 60 minutos, a partir de esta duración ya son largometrajes. En Estados Unidos y en Reino Unido, un largometraje puede tener una duración mínima de 40 minutos, y en Francia, de 58. En Italia se denominan cortometrajes las películas inferiores a 75 minutos.

---

en los últimos 15 años, otros siete cortos españoles han estado nominados a los Óscar, el último de ellos *Madre* (2017), de Rodrigo Sorogoyen, que pasó por 200 festivales de todo el mundo y que, en la web de Telemadrid, tras la nominación en 2020, vieron 40 000 personas. Entremedias estuvieron *7:35 de la mañana* (2003), de Nacho Vigalondo, *Binta y la gran idea* (2006), de Javier Fesser, *Éramos pocos* (2006), de Borja Cobeaga, *La dama y la muerte* (2009), corto de animación de Javier Recio, *Aquel no era yo* (2012), de Esteban Crespo, y *Timecode* (2016), de Juanjo Giménez, que se llevó la Palma de Oro en Cannes.

También en Hispanoamérica el género vive un buen momento. El cortometraje mexicano ha demostrado su fortaleza en los últimos años, en la ficción, el documental o la animación. Basta recordar los trabajos que han conquistado la Palma de Oro en Cannes: *El héroe*, de Carlos Carrera, y *Ver llover*, de Elisa Miller. El corto argentino *Luminaris*, de Juan Pablo Zaramella, entró en el *Libro Guinness de los récords* mundiales con un total de 324 galardones.

---

1. Lee el texto y busca el nombre de un realizador de cortos...

a. mexicano:
b. premiado en el Festival de Cannes:
c. con récord Guinness:
d. que volvió al corto:
e. nominado a los Óscar:

2. Cita dos ventajas de los cortos respecto a los largos.

3. Indica si las siguientes afirmaciones son verdaderas o falsas:

	V	F
1. La gran mayoría de cineastas empiezan realizando cortos.		
2. Muy poco público puede acceder a los cortos.		
3. Hay muchos cortometrajes y largometrajes españoles galardonados con premios internacionales.		
4. Al público actual le gusta consumir producciones breves.		
5. Hay salas de cine especializadas en cortos.		

4. Relaciona los siguientes conceptos con los tipos de cortometrajes señalados (puedes incluirlos en más de una columna):

actualidad • dibujos animados • fantasía
educación • creatividad • comedia • música
lanzamiento de producto • problemática
social famosos • comedia • bailarines • política
drama • emoción • experimentación

Animación	Documental	Ficción

Videoclip	*Spot* publicitario

ENTREVISTA

Esteban Crespo

Es un guionista y director de cine español. Se inició como realizador de documentales y como asesor de contenidos infantiles en televisión. Hoy es conocido por sus cortometrajes. Tuvimos una entrevista por videoconferencia en medio de la pandemia de la COVID-19 y Esteban nos atendió desde su casa. Le damos las gracias por ello y por su amabilidad.

Empezó en televisión, realizó varios cortometrajes muy premiados y ahora está pendiente del estreno de su segundo largometraje. ¿Valora igual todos sus trabajos?

Realmente empecé en el mundo de la arquitectura y, poco a poco, me pasé a los documentales. Luego, trabajé para televisión. Ahí empecé a hacer cortos y llegué a la ficción, que es lo que yo quería. Después... hay algunos de mis cortos que me gustan más que otros y a algunos les tengo más cariño que a otros.

Usted afirma que todo es cine con diferente metraje, pero ¿por qué parece que todo director de cortometrajes desea el paso al largometraje?

Al final, haciendo cortos no vives de ello; haciendo largometrajes, publicidad o televisión, sí. Tu fin último es vivir de tu trabajo. Y también hay una parte romántica, nos hemos criado viendo largometrajes y quieres parecerte a esa gente que has visto y a la que admiras. Pero yo también conozco gente a la que no le gustan los largos.

Usted hizo la película *Amar* unos años después del corto con el mismo nombre. ¿Es muy habitual hacer el largo del corto?

Creo que es la típica fantasía de los cortometrajistas, que estás haciendo algo que luego te puede servir, pero sí conozco a varios directores que lo han hecho. Respecto a mi caso, con *Amar*, escribí antes la película que el corto, pero me di cuenta de que el episodio dentro podría funcionar como corto y no era caro. Saqué dos cortos del largo. Eran episodios que estaban dentro de la película: *Siempre quise trabajar en una fábrica* y *Amar*. Pasaron 15 años hasta que hice el largo.

Es guionista y director. ¿Con qué aspecto de la creación disfruta más?

Me encanta rodar. Yo, rodando, soy muy feliz. Me gusta mucho la energía que se crea en el set de rodaje. Tener que adaptar cualquier imprevisto y convertirlo en algo positivo para la película me gusta mucho. Pero disfruto todo el proceso. Siempre dejo algo para el siguiente, no dejo todo cerrado. Escribo creando pautas que, después, se van desarrollando y, cuando ruedo, igual dejo algo para el montaje. Si no, me aburriría. En cada proceso tengo que descubrir algo, en cada uno entra gente que sabe más que yo y va agrandando la obra.

Ha recibido multitud de premios. ¿Los premios son importantes en su profesión? ¿Qué le supuso la nominación al Óscar por su cortometraje *Aquel no era yo*?

Empiezas haciendo un corto. Si tienes la suerte, ganas premios y los premios tienen dotación económica que te permiten hacer más cortos, vas haciendo y mostrando cosas. En mi caso, hasta que llega la nominación al Óscar que

> « *En cada proceso tengo que descubrir algo, en cada uno entra gente que sabe más que yo y va agrandando la obra* »

el cine y los cortometrajes

El cine se hace para ser visto. ¿Piensa en el espectador cuando crea y rueda sus historias? ¿Hace concesiones?

Yo pienso en un tipo sentado en una sala de cine: cómo lo va a ver, cómo lo va a sentir. Intento no traicionarme, pero sí que tengo todo el rato presente cómo se va a percibir lo que estoy haciendo. No hago cine para mí. Sinceramente, creo que todo el mundo hace eso. Yo tengo siempre presente al espectador, desde la escritura hasta el final.

¿Qué momento vive la producción audiovisual en España?

El momento es espectacular para el cine español. Hay mucho trabajo, las plataformas han obligado a todo el mundo a ponerse las pilas. Se está haciendo cine y televisión de calidad que, encima, se vende fuera de España. Antes solo se pensaba en cine rentable en España, ahora se abre un mundo de posibilidades.

¿En qué sentido cree que han afectado a la industria las nuevas formas de consumir del público: las plataformas y dispositivos móviles…?

Mi primera película, *Amar*, en España en cines fue un fracaso; en Netflix ha sido un éxito mundial. A los creadores, las miras se nos están levantando. Esta gente que ha venido, tipo Netflix, HBO, Apple o Amazon, hacen producciones en España pero pensado en el resto del mundo, y una película tuya puede ser un éxito en países a los que jamás has llegado antes. Hay series españolas que son exitazos y películas que están funcionando bien en todo el mundo.

cambia mi vida y me permite hacer mi primer largometraje. Sin la nominación, me habría costado muchísimo más. Es un antes y un después en mi carrera.

¿De dónde surgen los relatos y personajes de sus historias?

No sé muy bien, es como un cúmulo de ideas que van surgiendo y en un momento aparece algo que las une y me permite en una sola obra poder añadir un montón de ellas. Nacen de mis propias inquietudes. En *Black Beach*, mi última *peli*, el personaje va a África. Yo estuve trabajando en varios países de África y nace de lo que vi, de la problemática que me interesó. Luego vas añadiendo muchísimas cosas que te motivan o interesan. Cualquier obra audiovisual lleva muchísimo esfuerzo: una película tardas tres años en hacerse. Así que, o tienes muchas cosas que te interesan a las que te puedes agarrar para seguir con ilusión, o es muy complicado.

---

1. **Resume la opinión o ideas de Esteban Crespo respecto a:**
   - Las nuevas plataformas audiovisuales.
   - El proceso de creación.

2. **Busca un sinónimo o define las siguientes palabras o expresiones utilizadas por Esteban Crespo:**
   a. Tener cariño a algo/alguien
   b. Exitazo
   c. Un montón de ideas
   d. Un tipo
   e. Ponerse las pilas

3. **El entrevistado utiliza *peli* en lugar de película. El acortamiento de palabras es un fenómeno muy frecuente en el habla coloquial. ¿Puedes indicar la palabra completa de las siguientes apócopes?**

   El/la profe   La disco
   El finde   La bici
   La uni   El boli
   El/la prota   El cumple

Algunos profesionales del cine

el actor

la actriz

el/la director/a

el/la técnico/a de sonido

el/la fotógrafo/a

el/la montador/a

el cámara

el/la peluquero/a

el/la maquillador/a

Los géneros cinematográficos

el cine

la película de catástrofes

la película de ciencia ficción

la comedia

la película de fantasía

la película histórica

la película de intriga

la película de cine negro

la película del Oeste

la película de suspense

la película de terror

el musical

el drama

Hacer una película

la claqueta

el rodaje

el vestuario

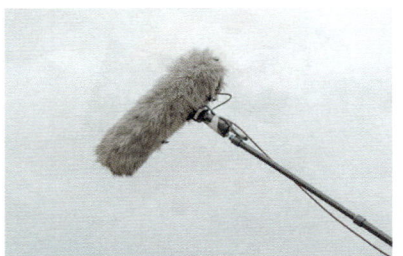
el micrófono

la alfombra roja

el premio

el estreno

la cámara

el cine

Ir al cine

la cola

la taquilla

la entrada

la pantalla

la butaca

las palomitas

las gafas 3D

la sala

la fila

Descubre
otros títulos de la colección

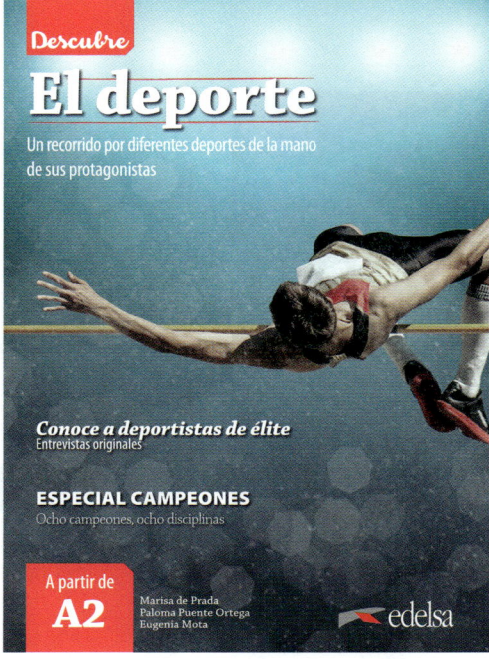